D1691357

het PERFECTE VARKEN

door MARCUS POLMAN

FONTAINE UITGEVERS

VOORWOORD

Van boer tot bord

Dit boek is een ode aan het varken. Bedoeld voor de liefhebber die zoiets bedrieglijk eenvoudigs als een ouderwetse varkenskarbonade op waarde weet te schatten; royaal in de boter of reuzel gebakken, met goudbruine korst, een subtiel krokant vetrandje, sappig, mals en mooi lichtroze vanbinnen. Of neem een retro-klassieker als de slavink. Bij voorkeur zelf gemaakt met vers gedraaid varkensgehakt en omwikkeld met smakelijk gerookt buikspek (voor vouwtechniek zie verderop in dit boek). Of het grotere werk: een gelakt speenvarkentje – al dan niet aan het spit – om in het gezelschap van vrienden en met passende hoeveelheden drank van kop tot staart op te peuzelen. Stuk voor stuk gerechten die – mits tot in perfectie bereid - een feest zijn voor de smaakpapillen.

Het varken is het meest gegeten vlees, goed voor bijna de helft van de jaarlijkse hoofdelijke vleesconsumptie in Nederland (op nummer twee en drie volgen kip en rundvlees). Toch hebben serieuze thuiskoks en chefs het dier jarenlang ernstig genegeerd. Met dank aan een dolgedraaide industrie die – gesteund door stuntende supermarkten en kiloknallers – een onafzienbare stroom varkensvlees uitbraakte dat die naam nauwelijks waard is. Smakeloze treurlapjes van beklagenswaardige dieren waar als kok geen eer aan viel te behalen.

Maar... het varken is onmiskenbaar bezig met een comeback. In hippe restaurants heeft een nieuwe generatie chef-koks het varken herontdekt. Procureur, buikspek en *homemade* verse worst

VOORWOORD

staan er prominent op de kaart. No-nonsense eten, simpel te maken, maximale smaak. Bij de biologische slager of op internet vind je een groeiend aanbod van goede kwaliteit varkensvlees van authentieke varkensrassen. Geen anonieme fabrieksvarkens, maar vlees afkomstig van welopgevoede dieren die met liefde en aandacht zijn grootgebracht. En ja, dat proef je dus terug op het bord.

Voor dit boek – een opvolger van het *Handboek voor de Perfecte Steak* waarin ik op zoek ging naar de ultieme steak – volgde ik van boer tot bord wat er komt kijken bij het perfecte varken. Ik sprak met tientallen boeren, chefs en slagers in binnen- en buitenland om te beschrijven wat er nodig is voor het bereiden van een superieur stuk varkensvlees.

Het unieke van het varken is dat het – meer dan rund of lam – bij uitstek geschikt is om letterlijk van kop tot staart te eten. Daarom komen ook de minder courante delen aan bod. Inclusief een apart hoofdstuk Charcuterie voor thuis, voor de thuiskok met slagerambitie die – met de stap-voor-stap-handleiding in dit boek – zelf eens een *paté de campagne* of *boudin noir* wil maken.

Marcus Polman

het PERFECTE VARKEN

Inhoud

· 7 ·
HOOFDSTUK 1
De basis

· 25 ·
HOOFDSTUK 2
Het beest

· 39 ·
HOOFDSTUK 3
Het vlees

· 67 ·
HOOFDSTUK 4
De techniek

· 83 ·
HOOFDSTUK 5
Charcuterie voor thuis

· 111 ·
HOOFDSTUK 6
25 klassieke recepten met varken

· 171 ·
Adressen, index, bronnen
& colofon

het PERFECTE VARKEN

De basis

· 9 ·
Zó bak je de perfecte karbonade

· 12 ·
1 ken je varken

· 12 ·
2 koop kwaliteit

· 15 ·
3 zouten en kruiden

· 15 ·
4 pekelen, droogzouten, roken

· 16 ·
5 juiste materiaal

· 16 ·
6 bereidingswijzen

· 19 ·
7 boter, olie, reuzel en ander vet

· 19 ·
8 bakken

· 20 ·
9 wanneer gaar?

· 20 ·
10 rusten

· 23 ·
11 aansnijden

· 23 ·
12 smaakcombinaties

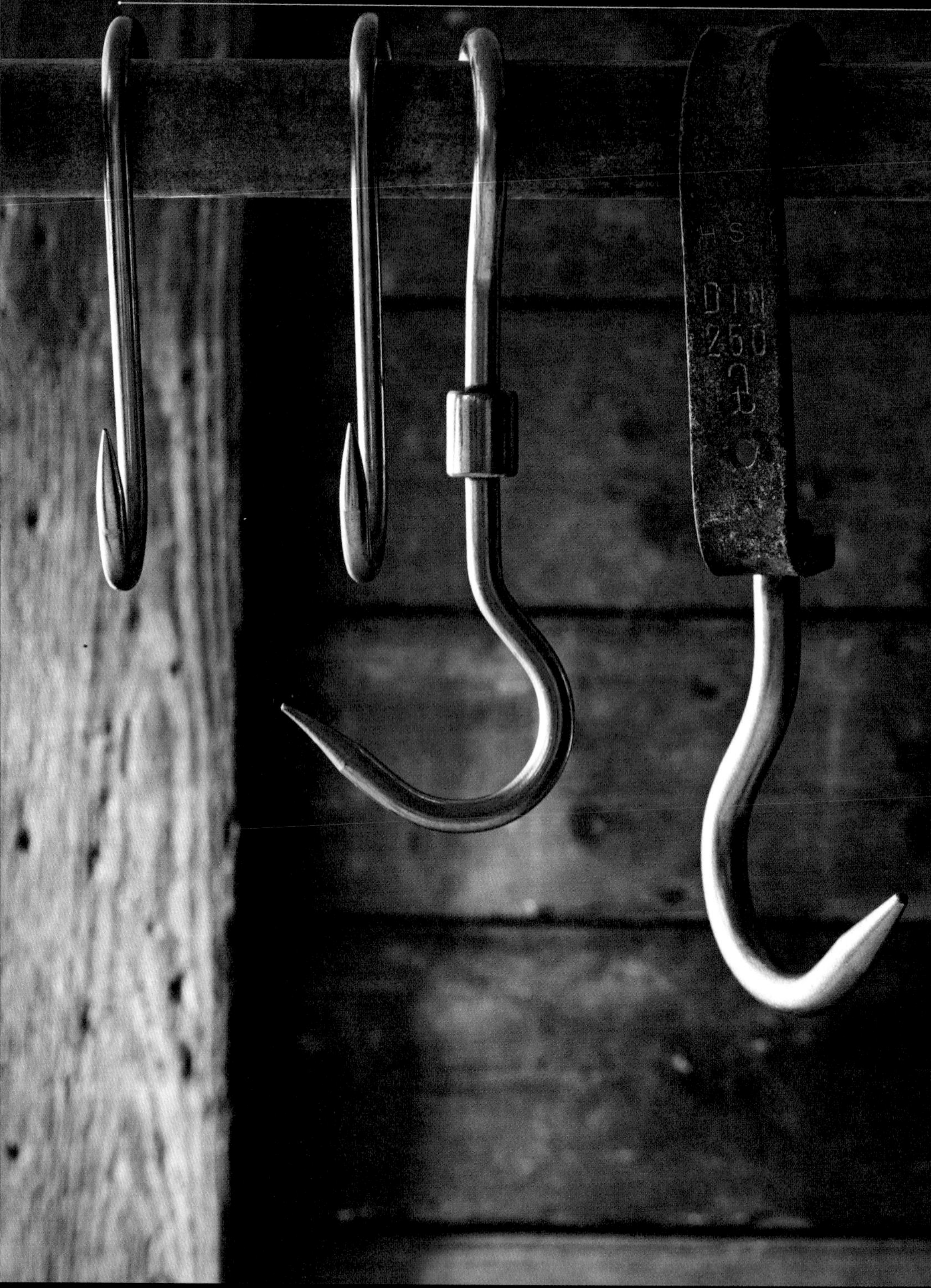
H S
DIN

DE BASIS

9

Zó bak je de perfecte karbonade

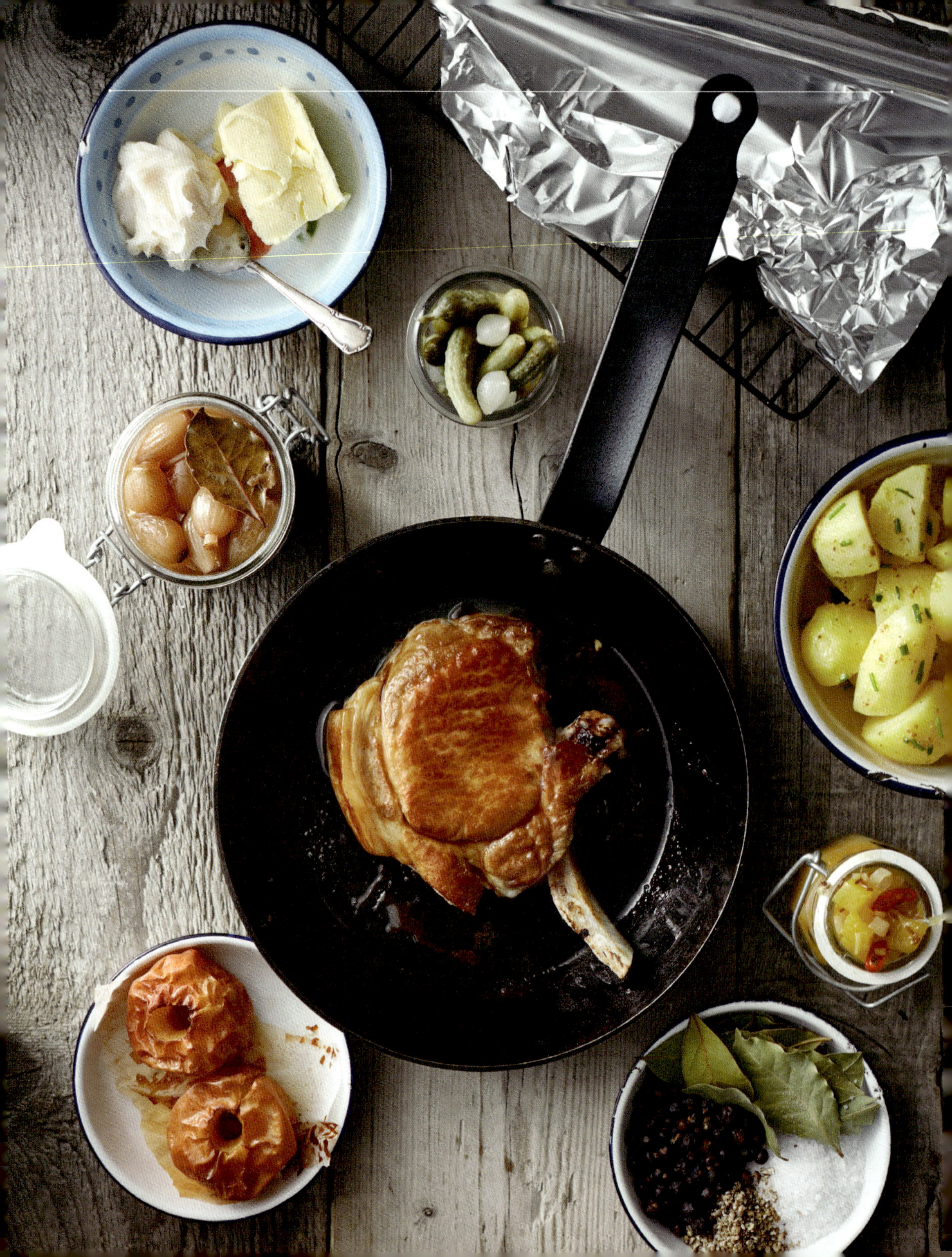

DE BASIS
Zó bak je de perfecte karbonade

Pan
Gebruik een koekenpan met goede hittegeleiding waarin je je karbonade gelijkmatig goudbruin bakt. Ideaal is een pan van plaatstaal. Let op het formaat: voor 1 karbonade 20 cm doorsnede, voor 2 stuks 24 cm doorsnede.

Vlees
Een goede karbonade heeft lekker vet. Neem een mooi licht doorregen rib. Of bestel bij je slager een sappige schouder- of halskarbonade. Natuurlijk van een smaakvol varken van goede komaf. Bespaar niet op kwaliteit.

Bakken
Bak je karbonade rondom bruin op middelhoog vuur. Vervolgens op matig vuur een beetje sudderen in eigen vet voor het sappigste resultaat. Pas op voor uitdroging. Een ribkarbonade is met 5 minuten aan elke zijde gaar (kleur: lichtrosé). Een schouder- of halskarbonade mag zeker 10-12 minuten aan elke zijde (kleur: goed gaar, lichtgrijs).

Boter
Een karbonade bak je lekker in de boter. Maar vervang de boter eens door varkensreuzel (uitgesmolten niervet) voor de ultieme karbo-ervaring.

Peper & zout
Voor een eenvoudig bereide karbonade volstaan versgemalen zeezout en peper (insmeren met bijvoorbeeld mosterd kan natuurlijk ook).

Augurkjes
Ingemaakt zuur is een goede vriend van de karbonade. Denk aan: friszure cornichons of zelf ingemaakte zoetzure uitjes.

Appel
Klassieke begeleider van een varkenskarbonade: langzaam gegaarde licht gekaramelliseerde appeltjes uit de oven. Ook lekker: een eigengemaakte chutney van zoete mango of perzik.

Jus
Zet het vuur hoog. Doe een half kopje heet water bij het braadvet. Laat de jus al roerend uitbruisen en inkoken. Roer de aanbaksels los van de bodem, die hebben veel smaak.

Aardappelsalade
Zeer grof gestampte gekookte aardappelen waar een hete marinade van runderbouillon, wittewijnazijn en mosterd overheen is gegoten. Lauwwarm serveren, friszuur van smaak.

Rusten
Laat je karbonade na het bakken nog 5 minuten rusten op een rooster met een bord eronder, losjes afgedekt met aluminiumfolie (de hitte moet ontsnappen).

5x beginnersfout
- **Weinig smaak:** slechte kwaliteit varkensvlees
- **Droog en taai:** te lang (en te hard) bakken
- **Bleek vanbuiten:** slechte pan en/of gebrekkige hittecontrole
- **Vocht op bord:** onvoldoende rust na bakken
- **Koud en rauw vanbinnen:** te kort gebakken

DE BASIS
12 gouden regels

12

Wat is er nodig voor het maken van je perfecte karbonade of varkensgebraad? Een overzicht met de belangrijkste *need-to-knows*. Van het kiezen van je favoriete snit tot het aansnijden – en alle essentiële stappen daartussenin.

1 *ken je varken*

Waar heb je zin in? In een sappige perfect gegaarde karbonade? Of een fantastisch varkensgebraad uit de oven? In het laatste geval misschien een smaakvol doorregen stuk als de schouder? Of liever wat magerder vlees, bijvoorbeeld de haas of de lende? Wil je met bot (lekkerder) of juist zonder? Het varken heeft het allemaal te bieden. Overweeg ook eens avontuurlijke delen zoals kinnebakspek, de lever of zelfs de kop. Voor heel weinig geld maak je er verrassend lekkere eigen braadworstjes, paté of rillettes van. Het varken is erg geschikt om van kop tot staart te worden gegeten. Vraag ernaar bij je vriend de slager, het houdt hem scherp.

2 *koop kwaliteit*

Betaal iets meer voor je varkensvlees. Het meeste supermarktvlees is afkomstig van anonieme varkens die vooral om hun rendement zijn gehouden in plaats van om de smaak. Goedkoper, maar met weinig smaak. Gelukkig is er een groeiend aanbod van goede kwaliteit varkensvlees. De betere (biologische) slager heeft het in huis of bestel het online rechtstreeks bij de boer. Zij bieden varkensvlees van originele rassen met namen als Berkshire en Bonte Bentheimer of van 'merkvarkens' van specifieke diervriendelijke boerderijen. Deze blije varkens leven in ruime stallen, kunnen naar buiten en krijgen gevarieerde voeding (mede bepalend voor de smaak!). Ze hebben een leven zonder stress – een paradijs vergeleken bij hun soortgenoten in volgepakte varkensfabrieken. Los van de bijdrage die dat levert aan dierenwelzijn, proef je dit bovenal terug in de malsheid en smaak van het vlees. Stress is namelijk slecht voor de vleeskwaliteit en zorgt voor taai vlees. Hoe herken je verder kwaliteit? Het lekkerste varkensvlees heeft mooi gemarmerd vet (intramusculair vet) en een wit (geen gelig) vetrandje. De kleur is roze tot rozerood (niet bleekjes). Sommige rassen hebben een donkerder, meer rode kleur. Bloedpuntjes in het vlees zijn slecht nieuws. Het duidt op extreme stressreacties van het dier.

Waarom is varkensvlees niet rood?

Rauw varkensvlees heeft een lichte kleur. De reden is dat een varken zijn spieren met meer tussenpozen gebruikt dan bijvoorbeeld runderen en schapen die de hele dag in de wei grazen. Varkensvlees bevat daardoor minder rode spiervezels (zo'n 15% minder). Sommige originele varkensrassen – met een actievere levensstijl in de buitenlucht – hebben een donkerder en iets rodere kleur.

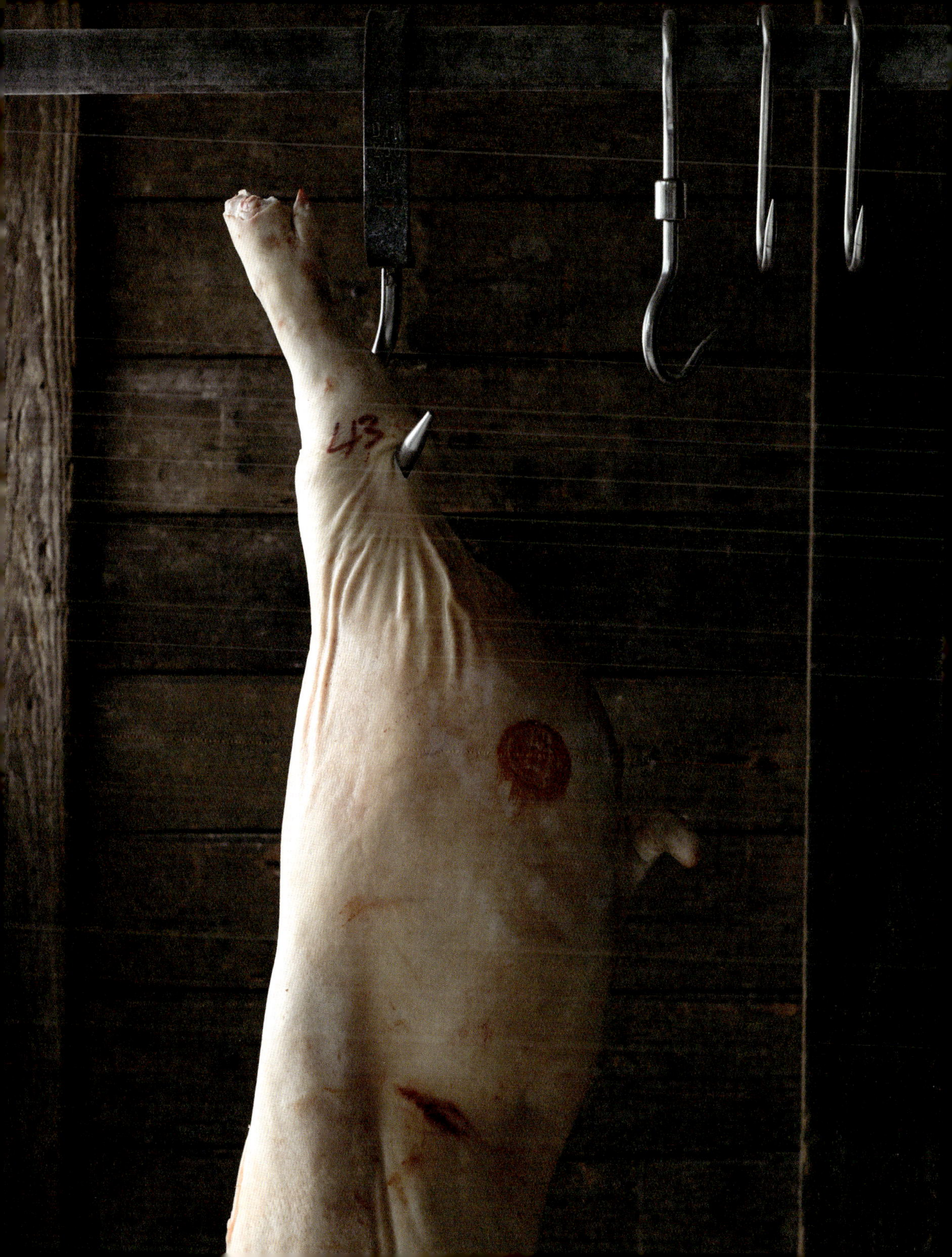
43

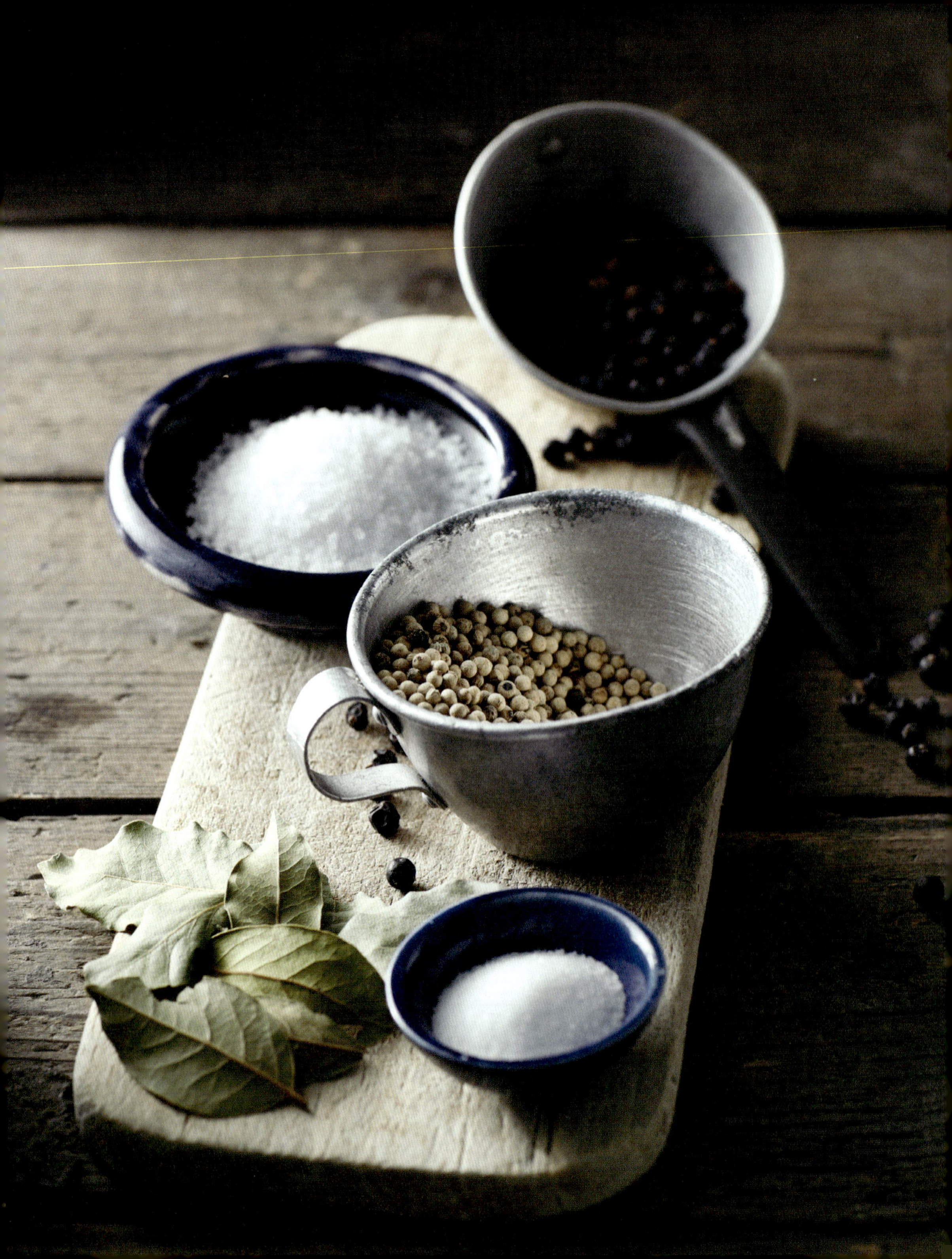

DE BASIS
12 gouden regels

3. zouten en kruiden

Een goede kwaliteit karbonade of rollade heeft niet meer nodig dan (versgemalen!) peper en zout. Vooraf zouten (in plaats van zout toevoegen na het bakken) is - net als bij biefstuk en ander vlees - geen probleem. Zouten vooraf draagt bij aan de smaak van het vlees en van de jus. Dat vlees uitdroogt omdat zout vocht onttrekt is een mythe (tenzij je je vlees langdurig zout, zie *pekelen*). Nadeel is dat voorgezouten vlees minder makkelijk bruint, maar met een goede pan en een beetje spelen met de hitte los je dat tijdens het bakken op. Jeneverbes, laurier, salie, oregano, mosterdzaad, maar ook tijm en rozemarijn, zijn prima smaakmakers voor varkensvlees. Vooral lekker in combinatie met braadstukken die al dan niet eerst zijn gepekeld. Gegrild varkensvlees, zoals spareribs of een ribstuk op de barbecue, vraagt om een kruidenrijke marinade (*dry* of *wet rub*). Bijvoorbeeld marinade op basis van honing of jam waarbij de suikers zorgen voor een karamelliserend en knapperig kleefeffect tijdens het grillen.

4. pekelen, droogzouten, roken

Dit zijn van oudsher manieren om varkensvlees langer houdbaar te maken. Maar deze technieken geven ook extra smaak en malsheid aan je varkensvlees. Roken (in een rookoven of rookkast) geeft een typische rooksmaak aan je vlees. Lekker voor bijvoorbeeld worst of buikspek. Pekelen doe je nat of droog. Bij natpekelen leg je je vlees in een bak met zoutoplossing. Bij droogpekelen - ofwel droogzouten - kruid je je vlees met zout, peper en andere specerijen en leg je het (vacuüm verpakt of afgedekt in een schaal) weg in de koelkast. Voor beide pekelmethoden geldt dat je dit een flink aantal uren doet (minimaal 12 uur, beter nog enkele dagen), zodat het zout de kern van het vlees kan bereiken. Zout zorgt ervoor dat vocht aan het vlees wordt onttrokken en eiwitten worden afgebroken waardoor het vlees malser wordt. Ook de smaak en kleur knappen enorm op van een (droog of nat) zoutbadje. Gebruik speciaal pekelzout – ook wel nitrietzout genoemd. Je slager heeft het zeker in huis.

Beter Leven: varkens met sterrenstatus

Het Beter Leven-kenmerk (van de Dierenbescherming) wil het gat tussen vlees uit de bio-industrie en het duurdere biologische varkensvlees overbruggen. Varkensvlees met 1, 2 of 3 sterren (verkrijgbaar bij de supermarkten) is afkomstig van varkens die in principe een beter leven hebben gehad dan hun soortgenoten uit de intensieve varkenshouderij. Denk aan bijvoorbeeld meer bewegingsruimte. Voor 1 Beter Leven-ster heeft een vleesvarken 1 vierkante meter tot zijn beschikking (in plaats van 0,7 meter, het wettelijk minimum); 3 Beter Leven-sterren betekent circa dertig procent meer ruimte daarbovenop (1,3 vierkante meter). Nog altijd bar weinig, maar meer dan gangbaar is. Ook voor pijnlijke ingrepen als castratie en staartknippen gelden normeringen. Castratie van biggetjes gebeurt om berengeur te voorkomen. Tijdens het verhitten van varkensvlees van niet-gecastreerde mannetjes kan soms (circa vijf procent van de gevallen) een onaangename geur optreden. Onverdoofd castreren is in Nederland verboden. Verdoofd castreren (nog) niet, hoewel de weerstand ertegen groeit. Via geurdetectie kan de berenlucht bij de slachtlijn al worden opgemerkt waardoor castratie eigenlijk ook niet nodig is.

Staartknippen ('couperen') gebeurt om te voorkomen dat varkens elkaar verwonden door elkaar in de staart te bijten. Beide ingrepen zijn pijnlijk voor het dier en onwenselijk, maar zijn (nog) niet wettelijk verboden. Bijten is veelal het resultaat van verveling. Meer speeltjes, stro en bewegingsruimte kan staartbijten voorkomen. Varkens krijgen bijvoorbeeld een Beter Leven-ster als er niet wordt gecastreerd en staartknippen wordt beperkt. En twee sterren als er een uitloop naar buiten is en stro. Supermarkten, boeren en vleesbedrijven hebben afgesproken dat per 1 juli 2015 al het varkensvlees in de supermarkt voldoet aan de minimale eisen van het Beter Leven-kenmerk (www.beterleven.dierenbescherming.nl). Voor de slager en kiloknallers zijn deze afspraken nog niet gemaakt.

DE BASIS
12 gouden regels

5 *juiste materiaal*

Een goede koekenpan is essentieel voor het verkrijgen van een mooie goudbruine korst en goede garing binnenin. Een ijzeren koekenpan (gemaakt van plaatstaal) is de beste keus. IJzer geleidt hitte goed en gelijkmatig. Bij het eerste gebruik de pan eerst minimaal 10 minuten inbranden om de bodem schoon te branden. Verhit op hoog vuur de pan met op de bodem een dikke laag zout (de pan mag walmen). Schoonmaken met een vet keukenpapiertje (tegen roesten, niet in vaatwasser). Goede, meervoudig gelaagde rvs-pannen zijn een (duurder) alternatief. Let op de maat. In een te grote koekenpan verbrandt boter sneller. Voor bijvoorbeeld twee karbonades voldoet een pan van 24 cm doorsnede (voor eentje een pan van 20 cm, voor 4 stuks 28 cm). Voor de aspirant thuis-charcutier is de aanschaf van een vleesmolen een goede aanschaf (zie ook hoofdstuk *Charcuterie*). Een betrouwbare kernthermometer is erg handig voor het bepalen van de juiste gaarheid van grotere braadstukken. Bij gebruik van een oven: ijk je oven met een oventhermometer. De op de oven aangegeven temperatuur wijkt dikwijls (fors) af van de werkelijke temperatuur.

6 *bereidingswijzen*

Karbonade, filet, oester, schnitzel en andere kleinere snits bak je in de (juiste) koekenpan. Grotere stukken (ribstuk, varkensschouder, buikspek) zijn meer geschikt om in de oven te garen. Een goede manier is op lage temperatuur (100–140 °C). Hoe lager de temperatuur, des te gelijkmatiger het vlees tot de kern gaart en hoe minder vocht verloren gaat. Eerst rondom goudbruin bakken voor het braadstuk de oven ingaat. Leg je vlees in een braadslee op een rooster zodat het vlees ook van onder geleidelijk gaart. Je kunt ook een bedje van groenten (selderij, wortelen, uien) gebruiken. Dit voorkomt direct contact van het braadstuk met de hete bodem waardoor het vlees onderin minder snel uitdroogt. Liefhebbers van gegrild varkensvlees kiezen voor een varkentje aan het spit of de barbecue. Barbecueën is geschikt voor slow cooking, maar ook om je vlees (met afgesloten) deksel in te roken voor een lekkere rooksmaak. Een alternatief voor roken is een simpel rookoventje (met smeulend houtmot op de bodem) dat je op het fornuis verhit, of een groter model rookkast. Ook garen in hooi is een verrassend lekkere manier van bereiden (zie recept verderop in dit boek).

Adopteer een varken

Buitengewone varkens is een crowdfunding-initiatief voor lekker en eerlijk varkensvlees. Voor een eenmalig bedrag van 100 euro ontvang je een certificaat en gedurende drie jaar krijg je jaarlijks een vleespakket toegestuurd. Ook word je uitgenodigd voor een varkens-event met onder andere een 'bossafari' waarbij je naar het door jou gesponsorde varken kunt kijken. Het vlees is afkomstig van 100% raszuivere Bonte Bentheimer en Gasconne varkens die in de buitenlucht leven op vijftien verschillende locaties in Nederland. Het in 2011 gestarte initiatief van Wim Meulenkamp is zo succesvol dat er inmiddels al vijftig 'buitengewone' zeugen (goed voor circa 800 vleesvarkens per jaar) vrij rondlopen. De varkens worden niet eerder dan na 12 maanden geslacht (ruim twee keer zo oud als gebruikelijk). Niet-crowdfunders kunnen terecht bij de webshop (www.buitengewonevarkens.nl).

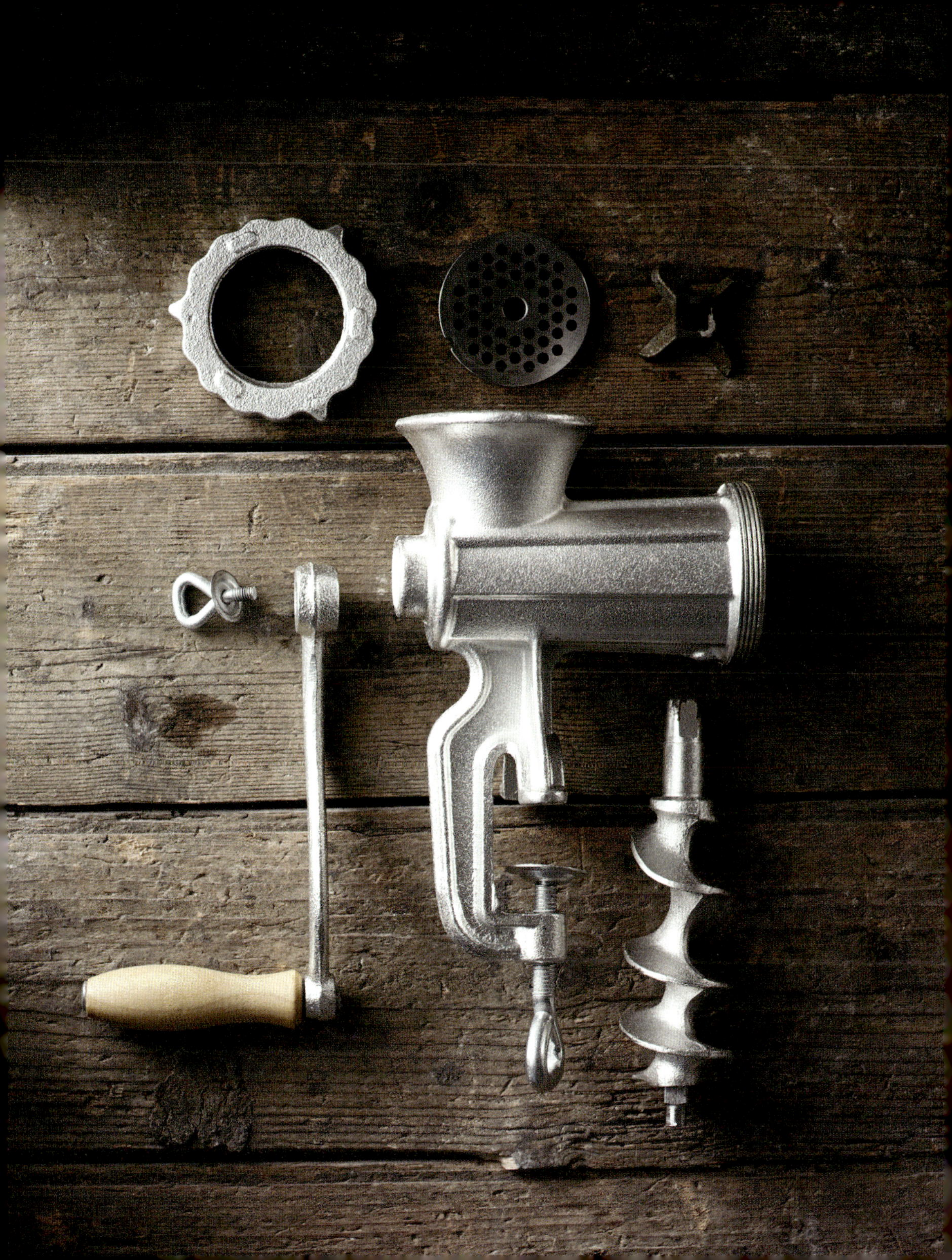

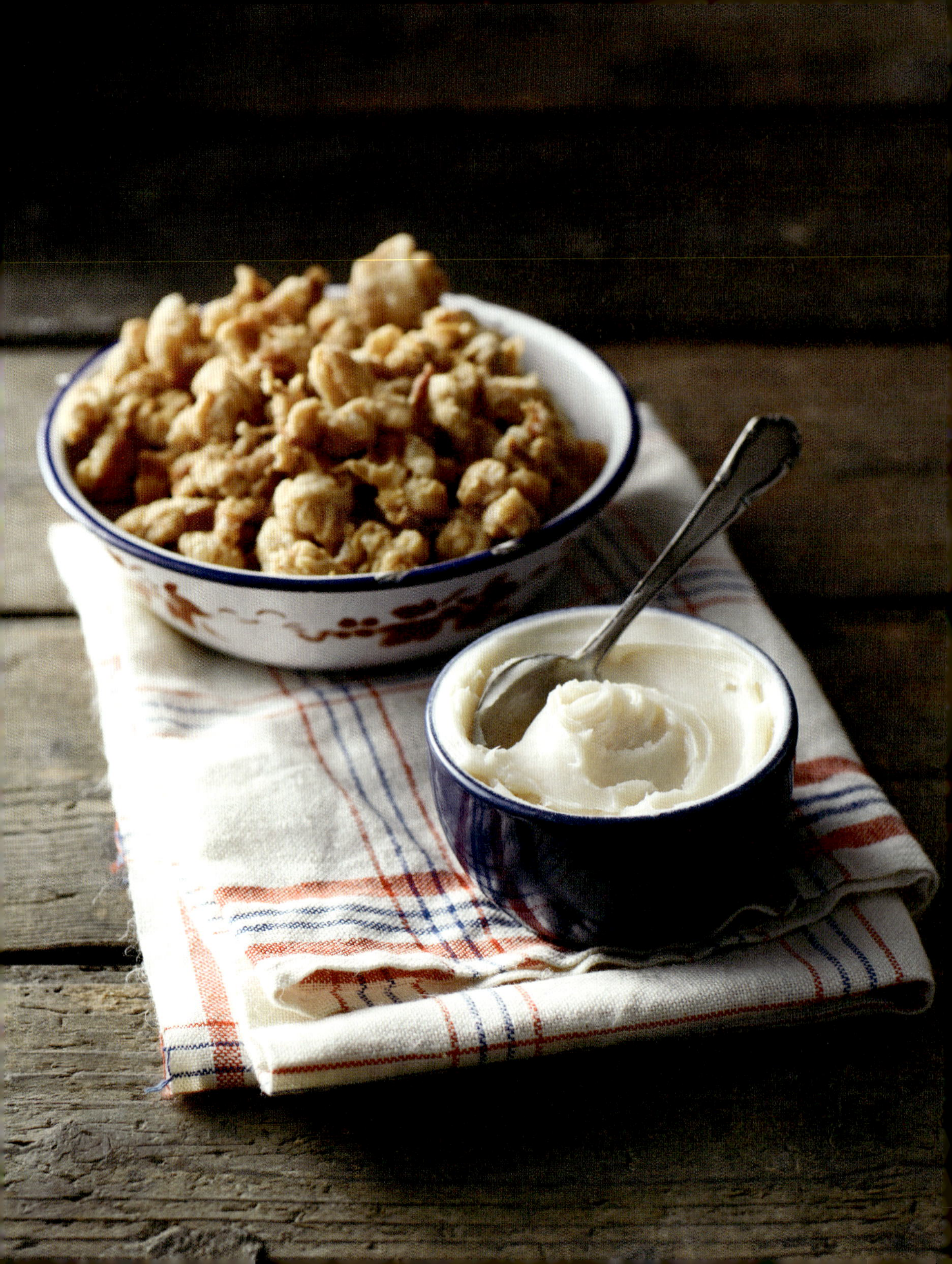

DE BASIS
12 gouden regels

7 boter, olie, reuzel en ander vet

Boter is eerste keus om je varkensvlees in te bakken. Het geeft een lekkere, vette smaak mee aan je vlees. Olijfolie is neutraler van smaak. In olijfolie kun je heter bakken (net als in andere plantaardige olie zoals zonnebloem-, arachide- of druivenpitolie) zonder dat het verbrandt. Boter heeft een lager verbrandingspunt en verbrandt dus eerder bij hoge temperatuur. Omdat je varkensvlees niet op hoge temperatuur bakt is dat echter geen probleem. Wie niet te vet wil bakken gebruikt desgewenst een combinatie van olijfolie en boter. Ook varkensreuzel (gesmolten niervet) is erg lekker om bijvoorbeeld een karbonade in te bakken of een braadstuk in aan te braden. Niet geschikt voor vet-vrezigen. Het is zeer rijk en zwaar, maar geeft een ongeëvenaarde smaakervaring. Reuzel is eenvoudig zelf te maken (zie recept verderop in het boek). Na het smelten van het vet houd je knapperige bruine kaantjes over. Voor op brood of door de stamppot.

8 bakken

De truc van de perfecte karbonade (of ander stukje varkensvlees) is een mooie goudbruine korst vanbuiten en een sappig resultaat vanbinnen. Aan een droge en taaie karbonade beleef je geen plezier. Anders dan bij een steak moet je een karbonade niet te hard aanbakken op hoog vuur. Schroei je varkensvlees eerst rustig rondom dicht op middelhoog vuur en laat het daarna nog op matig vuur doorgaren. Tijdens het aanbraden het vlees vooral rustig laten liggen, teveel bewegen belemmert het bruiningsproces. Minstens zo belangrijk voor een goed bakresultaat: haal het vlees minstens een half uur van tevoren uit de koelkast zodat het op kamertemperatuur kan komen (dat kan geen kwaad). Als je koud vlees in een hete pan doet krijgt het vlees door de hoge temperatuurverschillen een te grote klap en wordt het taai. Voor het bakken eerst droogdeppen met keukenpapier. Op 'nat' vlees krijg je nooit een mooie korst.

Invriezen of vers?

Vers varkensvlees kun je minimaal zes maanden in de vriezer bewaren op -18 °C. Na langere tijd wordt het vlees minder van smaak. Invriezen heeft wel nadelen boven vers vlees. Vlees uit de vriezer wordt eerder enigszins droog en taai. Gedurende het ontdooiingsproces ontstaat schade aan de cellen waardoor extra vochtverlies optreedt. Tijdens de bereiding verliest het vlees ook nog eens meer vocht dan gebruikelijk. Gaar vlees heeft overigens minder van invriezen te lijden omdat het weefsel al is beschadigd. Tip: hoe sneller het vlees bevriest, des te minder schade aan de cellen, hoe minder vochtverlies. Invriezen kun je versnellen door vlees in kleinere stukken te verdelen en pas te verpakken nadat het vlees is bevroren (verpakking werkt isolerend waardoor de vriestijd verdubbelt). Vers varkensvlees blijft in de koelkast 2-3 dagen goed. Vacuüm verpakt minimaal een week. Gebruik de onderste plank, net boven de groentelade; dit is het koudste gedeelte van de koelkast.

De beste manier om te ontdooien

Ontdooien op het aanrecht is niet helemaal veilig. Tijdens het ontdooien kan aan de buitenkant de temperatuur tot microbevriendelijke hoogte oplopen, terwijl de binnenkant nog aan het ontdooien is. Sneller en veiliger is het om het ingepakte bevroren vlees in ijswater te leggen. De oppervlakte blijft koud terwijl er toch warmte van het water wordt toegevoegd. Een alternatief is ontdooien in de koelkast. Koude lucht is een slechte warmteleverancier en het duurt dus lang.

DE BASIS
12 gouden regels

9. *wanneer gaar?*

Veel mensen bakken varkensvlees te lang waardoor het droog en taai wordt. Varkensvlees begint gaar te worden vanaf ongeveer 55 °C. Daarboven verliest het vlees snel vocht. Voor de meeste snits wil je een garing net over rosé, met een lichtroze kern. Braadstukken als varkenshaas, rollade of ribstuk zijn zo het lekkerst en behouden hun sappigheid. Dit bereik je bij een kerntemperatuur van 58-60°C. Bij 70°C en hoger is het vlees door en door gaar (*well done*). Gebruik (bij grotere stukken) een kernthermometer om de gaarheid te bepalen. Houd er rekening mee dat tijdens het rusten het vlees 1-2 °C verder gaart. Let op: te rauw-roze vanbinnen is ook niet goed. Een rib- of haaskarbonade of oester eet je net over rosé. Andere stukken gaar je liever langer; zoals hals- en schouderkarbonade of slavink. Dit vlees heeft meer vet en droogt niet zo snel uit als je ze langer suddert in het eigen braadvocht. Een speklapje is juist erg lekker om hard krokant helemaal door te bakken (zie recept verderop in dit boek).

10. *rusten*

Grote braadstukken uit de oven 15-20 minuten laten rusten. Karbonades 5-10 minuten. Gebruik een rooster met lekbak. Wikkel het vlees losjes in aluminiumfolie, als een tent, zodat stoom aan beide uiteinden kan ontsnappen. Het voorkomt dat de stoom de knapperige korst slap maakt. Het vlees mag afkoelen tot pakweg 50 °C. Rusten heeft een aantal functies: het midden van het vlees gaart na tot de juiste temperatuur. Als de temperatuur daalt wordt het vlees steviger en houdt het beter vocht vast. Het is daardoor makkelijker te snijden zonder dat het uit elkaar valt en er is minder vochtverlies bij het snijden.

Hoe gebruik je een kernthermometer?

Plaats de kernthermometer precies in de kern van het dikste deel van het vlees. Niet te dicht bij het bot of in het vet (want daar gaat de temperatuur het snelst omhoog). Controleer ruim voor het einde de temperatuur door de thermometer op verschillende plekken in het vlees te steken. Een braadstuk gaart nooit overal gelijk. Digitale kernthermometers met een voeler met ijzeren draadje kun je voortdurend aflezen omdat het scherm buiten de oven blijft. Je kunt ook een losse, ovenbestendige kernthermometer kopen. Bij dunne stukken vlees is een kernthermometer minder nauwkeurig. Gebruik je hiervoor toch een thermometer, haal het vlees dan eerst met een tang uit de pan en steek er de thermometer zijwaarts in. Een alternatieve, simpele, manier om de kleur te controleren, is door een klein sneetje in het vlees te maken. Het vochtverlies is klein en slechts plaatselijk.

1 Fout: te rauw

2 Goed: net over rosé

3 Fout: te gaar

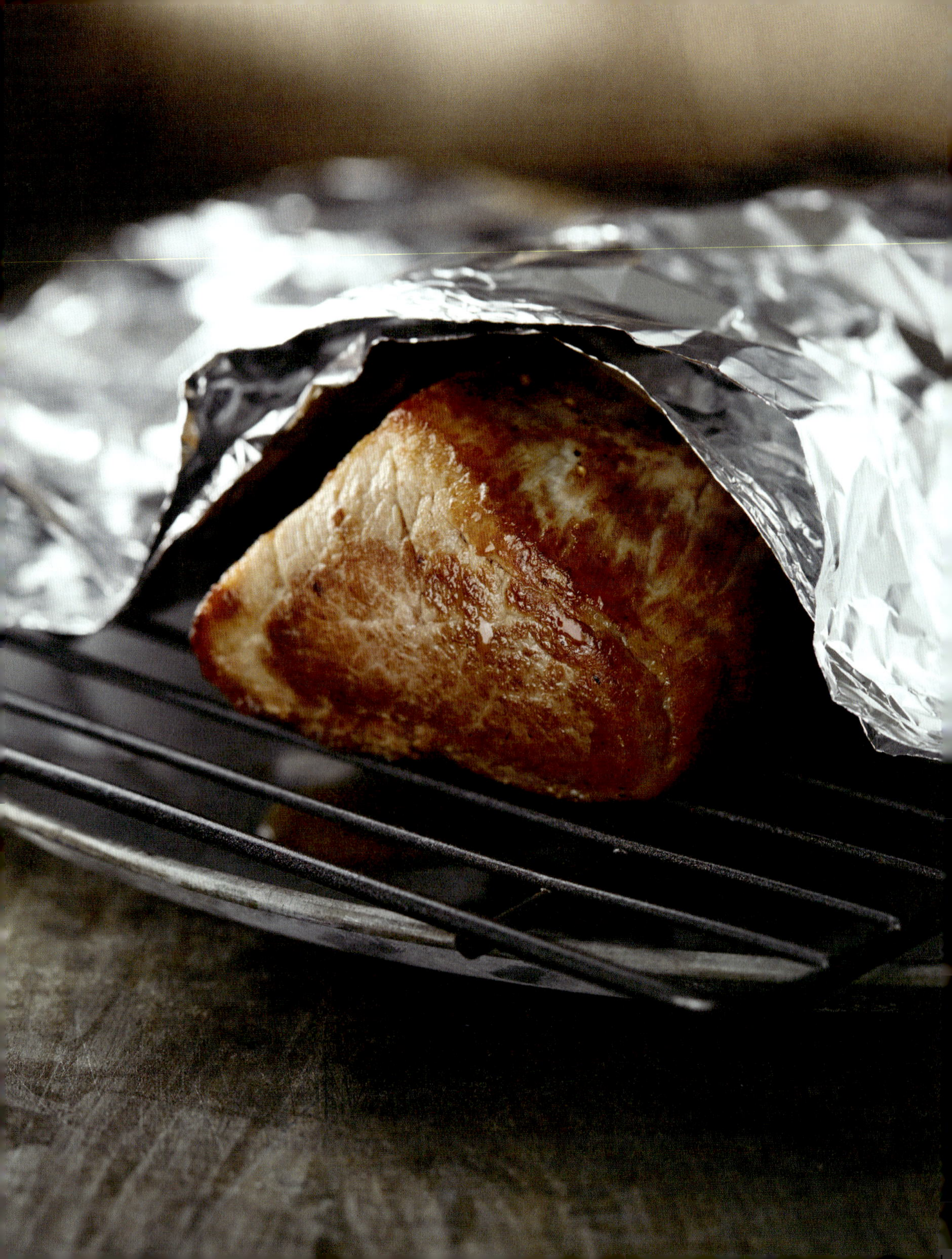

DE BASIS
12 gouden regels

11 aansnijden

Zorg voor een scherp mes. Met een bot mes zet je druk en pers je het kostelijke vocht uit het vlees. Snijd zoveel mogelijk dwars op de draad om lange vezels korter te maken. Het maakt vlees makkelijk te kauwen. Serveer op een warm bord (doe de borden even in een verwarmde oven). Het vlees blijft langer op de goede temperatuur en het voorkomt dat gesmolten varkensvet gaat stollen - vet stijft op kamertemperatuur snel op. Snijd braadstukken als rollade of ribstuk bij voorkeur in dunne plakken (0,5 cm), dat eet het lekkerst.

12 smaakcombinaties

Waar rundvlees een ziltige en ijzerachtige smaak heeft, is de smaak van varkensvlees een tikje zoetig van karakter, met aardse nuances van bos en boerderij. Het varken combineert daardoor goed met frisse zoetzure smaken. Denk aan sinaasappel, appel (gebakken, gepoft of moes), abrikoos, perzik of pruim. Bijvoorbeeld geserveerd als chutney. Ook zuur combineert goed. Zuur is een mooi tegenwicht voor het vaak aanwezige vet. Daarom gaan ook augurk, zoetzure uitjes, kappertjes en ook zuurkool goed samen met varken. Varkensworst en spek combineert fantastisch bij bijvoorbeeld linzen of witte bonen (de bekende cassoulet, zie recept verderop in dit boek). Maar ook de aardse smaak van aardappel past er goed bij. Bijvoorbeeld aardappelpuree, gekookte aardappels of geroosterde aardappels uit de oven met robuuste kruiden als rozemarijn.

Hoelang rusten?

De redactie van het onvolprezen Amerikaanse kookmagazine *Cook's Illustrated* testte op haar kenmerkende grondige wijze de optimale rusttijd van varkensvlees. Wat blijkt? De meest dramatische afname van vochtverlies vindt plaats tijdens de eerste tien minuten rusten. Het varkensribstuk dat direct werd aangesneden na het braden verloor bij het aansnijden 10 eetlepels vocht. Een precies vergelijkbaar ribstuk dat na 10 minuten rust werd aangesneden 4 eetlepels. Een verschil van zestig procent. Na 20 minuten bleef het vochtverlies beperkt tot 2,5 eetlepels. Nog langere rusttijden hadden een afnemend effect op vochtverlies.

het PERFECTE VARKEN

Het beest

· 27 ·
Ken je varken

· 30 ·
Overzicht rassen

· 32 ·
Reportage: Adellijke Berky's
van het Brabantse land

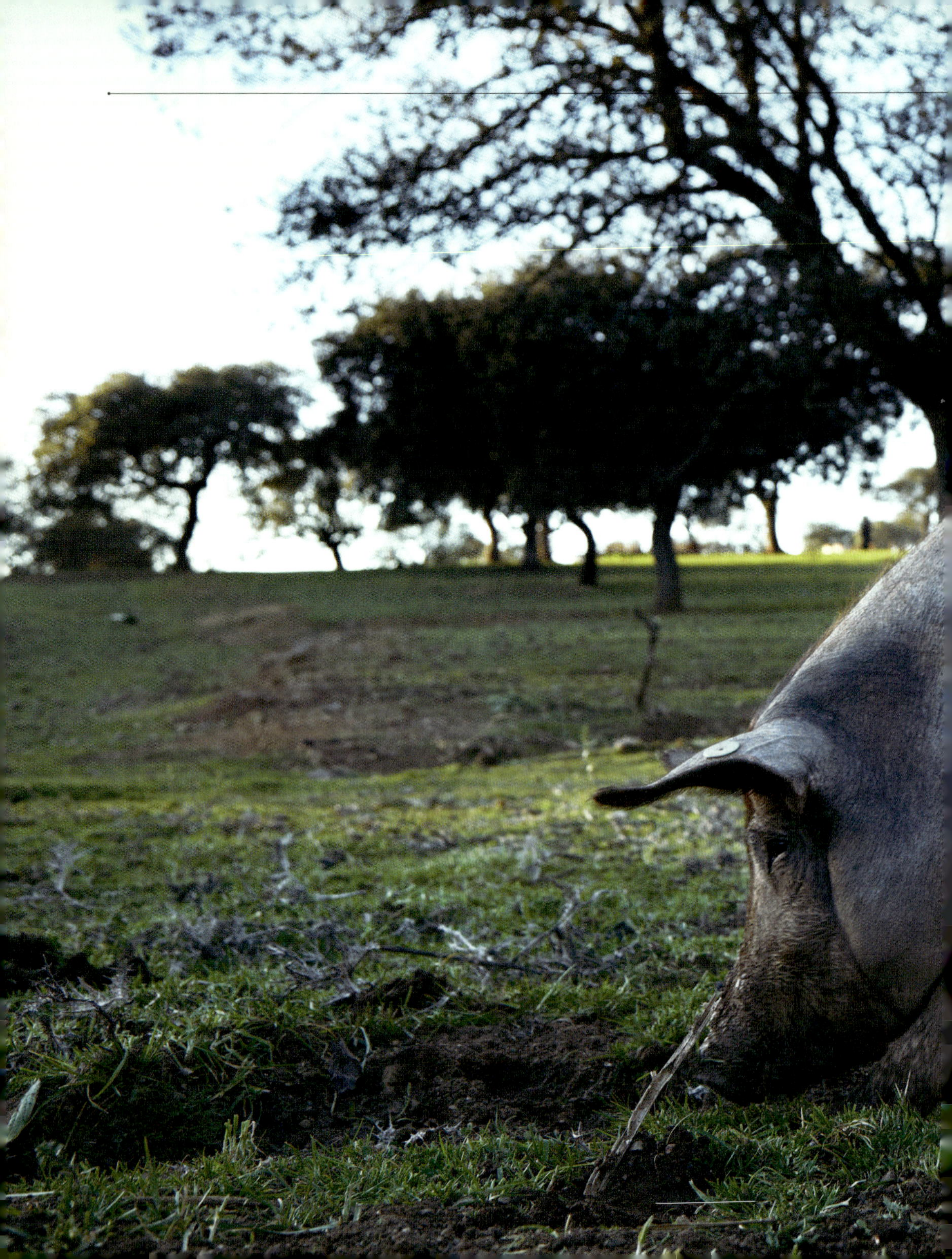

HET BEEST

/27

Ken je varken

HET BEEST
Ken je varken

Anders dan runderen zijn de meeste varkens in Nederland niet te herleiden tot één bepaald ras. De wereld van het rund kent wereldberoemde rassen zoals Blonde d'Aquitaine, Aberdeen Angus of Limousin. Bij het varken is de herkomst minder eenduidig. Maar 'vergeten varkensrassen' zijn in opmars. Net als 'merkvarkens' met een regionale herkomstbenaming. Waar moet je op letten bij aankoop van een goede karbonade of varkensgebraad? Hoe herken je kwaliteit?

De meeste varkens leiden een anoniem bestaan, het zijn dieren zonder duidelijke familiewortels. Oude varkensrassen zijn in de loop der jaren – als gevolg van de schaalvergroting in de gangbare varkenshouderij – geheel weggekruist. De fokzeugen (moeders) zijn kruisingen van verschillende rassen, net als de fokberen (de mannetjes). Hun nazaten zijn een genetisch mengelmoesje. Raszuiverheid is van ondergeschikt belang bij de voortplanting. Vrouwtjes worden primair geselecteerd op goede vruchtbaarheid en de maximale hoeveelheid biggetjes per worp. En mannetjes op zaken als 'groeipotentie', 'bevleesdheid' en 'voerconversie' (maximale groei per kilo voer). Deze kruisingen leveren economisch het ultieme varken op, maar niet noodzakelijkerwijs het smakelijkste vlees. De groeiende vraag naar mager vlees heeft er bovendien toe geleid dat varkens dusdanig zijn doorgefokt dat ze steeds minder vet op de botten hebben. Het zorgt voor een overaanbod van vlak smakend (goedkoop) fabrieksvlees dat de lekkere vetsmaak die het ware varkensvlees kenmerkt, ontbeert.

Merkvarkens
Gelukkig is er een kentering gaande. Chefs en *foodies* herontdekken de (gastronomische) waarde van een goed opgevoed varkentje. In hippe restaurants en bij betere (biologische) slagers staan in de vergetelheid geraakte varkensrassen met namen als Bonte Bentheimer, Berkshire, Gasconne en Mangalica sinds kort in de schijnwerpers. Het zijn varkens met een herkenbare smaak en een goede vetlaag zoals het eigenlijk hoort. Naast deze opleving van 'vergeten rassen' is er een nieuwe categorie kwaliteitsvarkens ontstaan: 'merkvarkens' van specifieke boerderijen uit de regio. Voorbeelden zijn het Livar varken (het Limburgs kloostervarken van de monniken uit Limburg), 't Helder varken (van de gelijknamige eko-boerderij in de Achterhoek) of het Beemsterlant's varken (afkomstig uit de Beemster). Uit Frankrijk komt bijvoorbeeld het Label Rouge/Porc au Grain varken; varkens die met speciale granen zijn gevoed. Deze 'merkvarkens' zijn doorgaans niet raszuiver, maar ze hebben wel een controleerbare afkomst. Het staat voor vlees dat over het algemeen meer smaak heeft dan varkensvlees uit de bio-industrie. Als extra bonus bieden deze boeren inzicht in hoeverre hun varkens met respect voor dier en omgeving zijn grootgebracht. De dieren zijn vrij van antibiotica en hebben (in meer of mindere mate) in vrijheid in de frisse lucht buiten kunnen lopen in plaats van een leven in benauwde stallen met een doordringende ammoniaklucht. Via internet is dit betere kwaliteit varkensvlees steeds vaker online te bestellen. Kant-en-klaar geportioneerd als karbonade, braadstuk of in andere snits. Of - voor de hobbyende thuisslager - ook te bestellen als compleet half varken dat je zeker zes maanden in de vriezer kan bewaren.

Voeding
Naast afkomst en opvoeding is voeding bepalend voor smaak en vleeskwaliteit. Varkens zijn alleseters. Naast wormen, insecten en andere

HET BEEST
Ken je varken

dierlijke eiwitten eet het varken ook plantaardig voedsel. Basis is het mengvoer dat bestaat uit veelal geïmporteerde producten als sojaschroot, zonnepitschroot en granen (zoals tarwe, gerst en maïs). Ook restproducten van de voedingsmiddelenindustrie staan op het menu. Het voeren van keukenafval – het varken als vuilnisbak – is trouwens bij wet verboden. Het geeft te veel risico op het ontstaan van ziekten. Mengvoer wordt idealiter aangevuld met een vezelrijk ruwvoer (zoals stro, gras, hooi en kuilvoer). Het wroeten erin zorgt voor de nodige afleiding en stilt opkomende honger. In de laatste twee maanden voor de slacht krijgen varkens extra krachtvoer – de kwaliteit ervan is mede bepalend voor de uiteindelijke vleeskwaliteit. Ibéricovarkens eten de laatste maanden eikels en kastanjes die ze opscharrelen in de vrije natuur, wat het Ibéricovarken zijn unieke smaak geeft. Een vleesvarken uit de intensieve varkenshouderij kan tot 800 gram per dag aankomen. Om een kilo te groeien eet hij ruim het dubbele aan voer (2,6 kilo), de zogenoemde 'voerconversie'. Er wordt in de industrie voortdurend gewerkt om voer efficiënter te maken in combinatie met het optimaliseren van de genetica. In testlaboratoria is al een groei van 1,5 kilo per dag gerealiseerd (1 gram per minuut). Groei op basis van een menu van louter krachtvoer – zoals gebeurt in de intensieve varkenshouderij – is niet alleen vanuit ethisch oogpunt twijfelachtig te noemen, maar ook niet erg bevorderlijk voor de vleeskwaliteit.

Huisvesting

Varkens zijn zeer gevoelige en intelligente dieren. Een onnatuurlijke omgeving veroorzaakt stress en – als gevolg daarvan – verminderde weerstand. Varkens zijn groepsdieren. Ze hebben ruimte nodig (liefst buiten) en speeltjes om hun natuurlijke nieuwsgierigheid te bevredigen. Ruimtegebrek is in de intensieve varkenshouderij een van de grootste problemen – een industrieel vleesvarken heeft minder dan 1 vierkante meter tot zijn beschikking. Het kan leiden tot excessen als staartbijten bij soortgenoten met alle gevaren van infecties die dat tot gevolg kan hebben (zie kader blz. 15). Genoeg ruimte is ook belangrijk om tegemoet te komen aan andere behoeften. Varkens zijn zeer zindelijke dieren; eten, mesten en slapen doen varkens het liefst op aparte plekken. Een goede stal of andere huisvesting voorziet daarin.

Slachten

Een varken wordt relatief gezien vrij jong geslacht, na zo'n zes tot acht maanden. Het slachtgewicht van een vleesvarken is 100-120 kilo. Een volwassen varken kan weliswaar zo'n twaalf, dertien jaar worden, maar dat is voor de meeste boeren (ook de biologische) vanwege de hogere voederkosten onrendabel. Een zeug is een ware productiefabriek; een goede moeder geeft in de gangbare varkenshouderij 2,5 keer per jaar biggen, pakweg twaalf biggen per keer. In de duurzame varkenshouderij (lees: kleinschalig, al dan niet biologisch) liggen deze cijfers lager (pakweg 8 tot 10 biggetjes, maximaal 2 keer per jaar) – een van de redenen waarom duurzaam varkensvlees duurder is (naast het duurdere voer). De draagtijd is een kleine vier maanden, waarna de biggetjes nog tot drie of vier weken na de geboorte bij de moeder mogen zuigen (op duurzame bedrijven is dit minimaal zes weken). Hierna worden ze bij de moeder weggehaald. Ze gaan dan over op een volwassen dieet tot ze na (ruim) een half jaar slachtrijp zijn. Ook de manier van slachten is sterk van invloed op de vleeskwaliteit. Hoe minder stress (die er altijd zal zijn) hoe beter. Daarom zorgen serieuze varkenshouders ervoor dat de duur van het transport naar het slachthuis beperkt blijft en het laden en lossen en het uiteindelijke slachten zorgvuldig gebeurt.

HET BEEST
Overzicht rassen

30

BRITSE VETZAK
Berkshire
Groot-Brittannië

Een van de oudste Engelse varkensrassen met een stamboek dat teruggaat tot 1884. 'Berky's' hebben een zwarte kleur met kenmerkende witte sokken aan de poten, witte streep op de snuit en witte staartpluim. Bijna uitgestorven (vanwege ongunstige vruchtbaarheid) maar in Nederland weer op de kaart gezet door fokker Kees Scheepens en de Berkshire Butcher die louter vlees van dit ras verkoopt onder de noemer Duke of Berkshire (een 50% Berkshire-kruising). Vlees met iets donkerder kleur, tikje zoet van smaak en veel vet (ook wel Wagyu onder de varkens genoemd). Naam is afkomstig van herkomstregio: graafschap Berkshire.

BESCHERMDE AFKOMST
Cinta Senese
Italië

Eeuwenoud ras uit Toscane dat op oude Italiaanse fresco's voorkomt (zoals Siena's Piazza del Campo). Lijken met hun zwarte huid en witte baan ('cinta') op Saddleback en Hampshire. In de jaren negentig werd het ras met uitsterven bedreigd, maar fokkers hebben het ras nieuw leven ingeblazen. Het vlees van dit ras heeft een door de EU beschermde geografische herkomstbenaming. Worden relatief laat geslacht, na twee jaar. De salami's, lardo's en andere typische Toscaanse charcuterie die van de Cinta Senese wordt gemaakt, staan hoog aangeschreven.

TROTS VAN FRANKRIJK
Gasconne
Frankrijk

Een van de oudste Franse varkensrassen, afkomstig uit de Pyreneeën. Het is het 'neefje' van de Ibérico, maar dan iets kleiner en veel meer behaard. Er zijn in Frankrijk naar schatting honderd fokkers die met het ras werken. In Nederland heeft Boerderij De Lindenhoff in Baambrugge Gasconne varkens. Het vlees van de Gasconne is iets roder dan ander varkensvlees en heeft een fijne structuur.

BUNTE AUS DEUTSCHLAND
Bonte Bentheimer
Duitsland

Te herkennen aan zwarte vlekken. Van oorsprong uit het graafschap Bentheim; het zuidwesten van Nedersaksen tegen de Nederlands-Duitse grens in Overijssel en Drenthe. Kwam tot 1950 veel voor. Vruchtbaar en sterk ras maar kon vanwege iets minder gunstige vlees-vetverhouding niet wedijveren met magerder varkens. Dankzij fanatieke fokkers is het ras in ere hersteld. Populair varken met relatief veel vet. Bereikt op late leeftijd het gewenste slachtgewicht, daarom iets duurder maar ook uitgesproken smaak. In Nederland is een stamboek in oprichting.

MOOIE ROOIE
Duroc
VS

Kenmerkende roodbruine kleur en hangende oren. Een ras van Amerikaanse origine dat wereldwijd wordt gebruikt om te kruisen met andere varkens vanwege hoge vruchtbaarheid. Zeer mals en smaakvol, met fijne vetdooradering en intramusculair vet. Kan bij uitstek rosé worden geserveerd. Een varken mag geen witte vlekken hebben en slechts een beperkt aantal zwarte om als Duroc erkend te worden. Duroc heeft de reputatie het onrustigste en vooral agressiefste varkensras te zijn. Minder geschikt als hobbyvarken.

JAMIE'S LOVER
Hampshire
VS

Net als de Saddleback een opvallende verschijning met zwart lijf en een witte band die loopt over de voorpoten, de schouders en het voorste deel van de rug. Deze Amerikaanse versie, voortgekomen uit Engelse geïmporteerde varkens uit Hampshire, heeft staande oren. In Engeland beleven ze een revival, mede door Jamie Oliver. Hampshires zijn flinke vleesvarkens, maar ook gezonde en vriendelijke dieren en goede moeders.

FOTOGRAFIE: © JAN SMIT/DIERENBEELDBANK

HET BEEST
Overzicht rassen

EXCLUSIEVE ZWARTPOOT
Iberisch varken
Spanje

Varkens met kenmerkende zwarte hoef (*pata negra*). Leeft in zuidwestelijk Spanje en Portugal in de vrije natuur. Ze eten in het montanera-seizoen eikeltjes en verdubbelen dan bijna in gewicht. De gedroogde Ibéricoham dankt daaraan de superieure smaakeigenschappen en zijn wereldwijde reputatie. Ook het verse vlees is zeer smakelijk. Veel intramusculair vet (liefst rosé bakken). In Nederland beperkt verkrijgbaar (check o.a. online slagers). Door onder andere varkenspest in de vorige eeuw en groeiende vraag naar mager vlees slonk de Ibéricopopulatie. Spanje is nu bezig met nieuwe fokprogramma's om de kwaliteit van het kostbare ras te verbeteren.

WERELDSPELER
Large White
Groot-Brittannië

Een varken met wereldfaam. Ook wel York of (Groot) Yorkshire genoemd, naar de regio van origine. Wit tot lichtroze van kleur met rechtopstaande oren. Het ras wordt veel gebruikt in de intensieve varkenshouderij vanwege hoge vruchtbaarheid. Dankt populariteit aan relatief grote vleesbedekking en weinig vet. In de 20^e eeuw ontstaan uit kruisingen van lokale varkens met Chinese varkens. Staande oren, witte haren, roze huid. De Nederlandse Yorkshire is een rechtstreekse afstammeling van de Large White.

MOEDERS MOOISTE
Middle White
Groot-Brittannië

Ontstaan uit kruisingen met Large White. Kenmerkende grappige platte snuit. You love it or hate it. Relatief kleiner varken. Met zijn korte snuit is het een echte graseter (meer nog dan om te wroeten). Vlees van uitstekende kwaliteit, met uitgesproken smaak.

ECHTE EUROPEAAN
Nederlands landvarken
Nederland

Een mengelmoesje van verschillende Europese rassen, zoals het Deense varken, het Duitse landvarken en verschillende inlandse rassen als de Limburgse, Friese en Zeeuws-Vlaamse varkensrassen. Kenmerken: klassieke varkensroze kleur en grote halfhangende oren. Naast Groot Yorkshire een van de meest voorkomende rassen in Nederland. In de moderne vleesproductie wordt vaak gewerkt met kruisingen met het landvarken.

HONGAARSE KRULLENBOL
Mangalica varken
Hongarije

Ook wel 'wolvarken' genoemd vanwege de gekrulde haren. Was dertig jaar geleden bijna uitgestorven maar is nu bezig met bescheiden comeback. Naast Oostenrijk en Hongarije zijn ook in Nederland – op kleine schaal – Mangalica's bij hobbyboeren te vinden. Uitgesproken spekvarken met lekker vet vlees. Er zijn blondharige, rood- en zwartharige varianten. In Nederland ook graag gezien op de kinderboerderij vanwege vriendelijk karakter.

SCHWARZENEGGER
Piétrain
België

Ontstaan uit kruisingen van inheemse varkens met Large White en Berkshire. Grijswit zeer gespierd varken met grote blauwomrande zwarte vlekken. Van oorsprong uit Belgisch dorpje Piétrain. Kenmerkende dikke billen, laag vetgehalte. Zoals de Belgische Blauwe bij het rund, is dit de bodybuilder onder de varkens. In de (bio-)industrie wereldwijd geliefd en gebruikt vanwege hoog slachtrendement.

Adellijke Berky's van het Brabantse land

HET BEEST
Varken & boer

33

"Kijk die staart eens mooi krullen," zegt varkensboer Kees Scheepens, wijzend op een van zijn dieren die op een zonnige dag in het weiland wroet. "Dat is een teken dat een varken het naar zijn zin heeft. Varkens zijn erg gevoelige dieren. Het is belangrijk dat ze het naar hun zin hebben. Blije varkens zijn lekkere varkens." In Oirschot, onder de rook van Eindhoven, het hart van de Nederlandse varkensindustrie, heeft Scheepens een eigen unieke plek weten te verwerven. Hij heeft – als een van de weinige boeren in Nederland – een volledig zogenoemd outdoorbedrijf. Zijn varkens lopen vrij rond in het weiland. Niet alleen een beperkte periode, maar het hele jaar door. In een straal van vijftig kilometer rondom zijn grondgebied, leven in grote industriële stallen, aan het oog onttrokken miljoenen anonieme varkens. Vergeleken met hun soortgenoten leven de varkens van Scheepens in een varkensparadijs. De varkens die hij houdt zijn zogenoemde Berkshire varkens, een eeuwenoud Brits ras dat hij eigenhandig voor uitsterven behoedde. De 'Berky's' zijn herkenbaar aan een zwarte kleur met kenmerkende witte sokken aan de poten, witte streep op de snuit en witte staartpluim. Ze zijn in culi-kringen gewild vanwege hun bijzondere smaak en vleeseigenschappen. In een elektrisch golfkarretje rijdt Scheepens dagelijks rond over de weilanden waar de Berkshires op gescheiden percelen met elkaar spelen en eten. Verspreid staan hutjes met stro waar de varkens kunnen schuilen tegen kou of hitte. 'Mobiele varkenshotels' noemt Scheepens deze hutjes. Om de zoveel tijd verkassen de hutjes en de varkens naar een ander perceel, zodat de varkens weer een nieuwe plek hebben om te wroeten en de grond waar ze stonden kan herstellen. Op verschillende plekken zijn modderpoeltjes aangelegd waar de dieren in kunnen spelen en op warme dagen kunnen afkoelen. De biggetjes groeien met elkaar op en hebben alle ruimte. In de zogenoemde gangbare varkenshouderij heeft elk vleesvarken wettelijk 0,7 vierkante meter tot zijn beschikking en staan de dieren bovenop elkaar. Hier staan op een perceel van 250 vierkante meter niet meer dan 25 varkens, ofwel ruim tien (!) vierkante meter per varken. Een ongekende luxe.

HET BEEST
Varken & boer

Smaak

Voordat Kees Scheepens (een boerenzoon) varkens ging houden was hij werkzaam als dierenarts – hij promoveerde zelfs op het onderwerp varkens. Als praktiserend dierenarts zag hij jarenlang met groeiende weerzin de misstanden in de intensieve varkenshouderij aan. Dieptepunt was 1998, het jaar waarin de varkenspest uitbrak. Eigenhandig werkte hij als dierenarts mee aan het ruimen van een onafzienbare berg varkens. Veelal gezonde dieren die preventief met een dodelijke injectie werden omgebracht. Een traumatische ervaring, waar hij aan de keukentafel in zijn Brabantse boerderij ook ruim vijftien jaar na dato nog altijd bewogen over praat. Deze ervaring markeerde een keerpunt in zijn loopbaan. Hij gaf zijn praktijk als dierenarts op en ging zich toeleggen op het fokken en houden van varkens op een manier die hij wel passend vond. "Ik zocht een varken dat weer een ouderwetse smaak kon leveren. Een varken dat weer naar varken smaakte. En dat ik kon grootbrengen op een manier die recht doet aan zowel dier als boer." Na enig speurwerk kwam hij terecht bij het Berkshire varken, een oud Brits ras dat op dat moment op het punt van uitsterven stond. Door de groeiende vraag naar steeds magerder varkensvlees was het relatief vette Berkshire varken uit beeld geraakt. Ook in bedrijfseconomische zin was Berkshire allesbehalve aantrekkelijk. Met een gemiddelde worp van vijf of zes biggetjes, blijft het Berkshire varken ver achter bij industrievarkens waar twaalf tot veertien biggetjes de norm is. Het schrikte Scheepens niet af. Na een smaaktest met Berkshire vlees bij enkele sterrenchefs wist hij dat hij iets goeds in handen had. In Frankrijk wist Scheepens tien jaar geleden de hand te leggen op de allerlaatste groep raszuivere Berkshire varkens die op dat moment op het Europese vasteland leefde, zo'n twintig Berkshire varkens (zeugen en enkele beren). Met de mannetjes startte hij een fokprogramma voor raszuivere Berkshires. Het was een stap die door zijn collega-varkensboeren hoofdschuddend werd bekeken. In een wereld waarin varkenshouden gelijk staat aan het doorrekenen van spreadsheetprogramma's met 'voerconversies',

Varkensboer
Kees Scheepens

'vleesrendement' en andere economische kengetallen, keerde Scheepens terug naar kleinschaligheid.

Duke of Berkshire

Tegenwoordig heeft Scheepens zo'n vijftig zeugen (vrouwtjes) en zes beren (mannetjes) rondlopen die de basis vormen. Deze omvang is nodig om het ras op een verantwoorde manier raszuiver te houden. De zeugen die op natuurlijke wijze door de beren worden bevrucht leveren weer de biggetjes die in zes maanden tijd uitgroeien tot vleesvarkens voor de slacht. Als fokker – de belangrijkste inkomstenbron van het bedrijf – is het Scheepens primair om de mannetjes te doen. De beste beren worden eruit gepikt en verkocht aan andere bedrijven. Deze varkensbedrijven (ook wel 'vermeerderaars' genoemd) kruisen de raszuivere Berkshire beren van Scheepens met moederlijnen. De moeders zijn zeugen die zijn geselecteerd op goede moedereigenschappen (o.a. goede vruchtbaarheid) en die veelal zijn afgeleid van het Yorkshire varken. Deze kruisingen (50 procent Berkshire, 50 procent Yorkshire of ander moedervarken) worden onder de naam Duke of Berkshire op de markt gebracht door derde partijen die leveren aan de betere restaurants en (op kleine schaal) aan particulieren (zie kader: *Berkshire Butcher*). "De mannetjes zijn bepalend voor het eindproduct," legt Scheepens uit. "Vijfenzeventig procent van de smaak wordt bepaald door de vader, de resterende vijfentwintig procent door de voeding." De Berkshires van Scheepens kunnen eten zoveel als ze willen. Zij krijgen granen, ruw voer en wat ze zelf nog aan eetbaars vinden in de grond. Op termijn wil Scheepens toe naar een 100% biologische bedrijfsvoering. Ook al het voer – bij voorkeur zelf geteeld – moet dan biologisch zijn.

HET BEEST
Varken & boer

Berkshire Butcher

De enige echte 'spekslager' van Nederland heet Frank Bunnik, beter bekend als de *Berkshire Butcher*. Bunnik is gespecialiseerd in varkensvlees. Meer bijzonder: in vlees van het Berkshire ras. Een ouderwetse 'spekslager' dus, waarmee vroeger een slager werd aangeduid die alleen varkensvlees verkoopt (dit als onderscheid van de 'vleeshouwer' - een slager die alleen rundvlees verkoopt). Bunnik betrekt zijn Berkshire vlees van de boerderij van Kees Scheepens. Slachten gebeurt onder zijn supervisie op een kleine ambachtelijke slachterij. Op vaste dagen is hij te vinden op markten in Haarlem en Amsterdam. (zie ook: www.berkshirebutcher.nl). Karbonades, procureur, zelfgemaakte worstjes en patés ... de Berkshire Butcher heeft het allemaal in huis. Kenmerkend voor zijn vlees is de smakelijke vetmarmering. Het is donkerder van kleur vergeleken met gangbaar varkensvlees en iets zoeter van smaak. De spiervezels zijn zeer verfijnd waardoor het vlees heel mals is. Tijdens het bakken verliest het vlees niet veel vocht waardoor het nauwelijks krimpt. In Japan wordt Berkshire vlees op de markt gebracht onder de naam Kurobuta en heeft het een vergelijkbare reputatie als het beroemde Wagyu-vlees. De Britten hebben een bijzondere band met dit oude ras dat zijn naam ontleent aan de regio van oorsprong, het graafschap Berkshire, in het Verenigd Koninkrijk. Koningin Victoria (1819–1901) was eigenaresse van het allerberoemdste Berskhire mannetje ooit: Ace of Spades. Op landgoed Windsor Castle had de familie lange tijd een eigen kudde Berkshires lopen. Britse chefs als Gordon Ramsay en Jamie Oliver zijn bekende Berkshire-liefhebbers.

het PERFECTE VARKEN

Het vlees

· 41 ·
Van kop tot staart

· 52 ·
Over spek & vet

· 59 ·
Zó maak je reuzel

· 60 ·
Reportage: Bio-biggen uit de Achterhoek

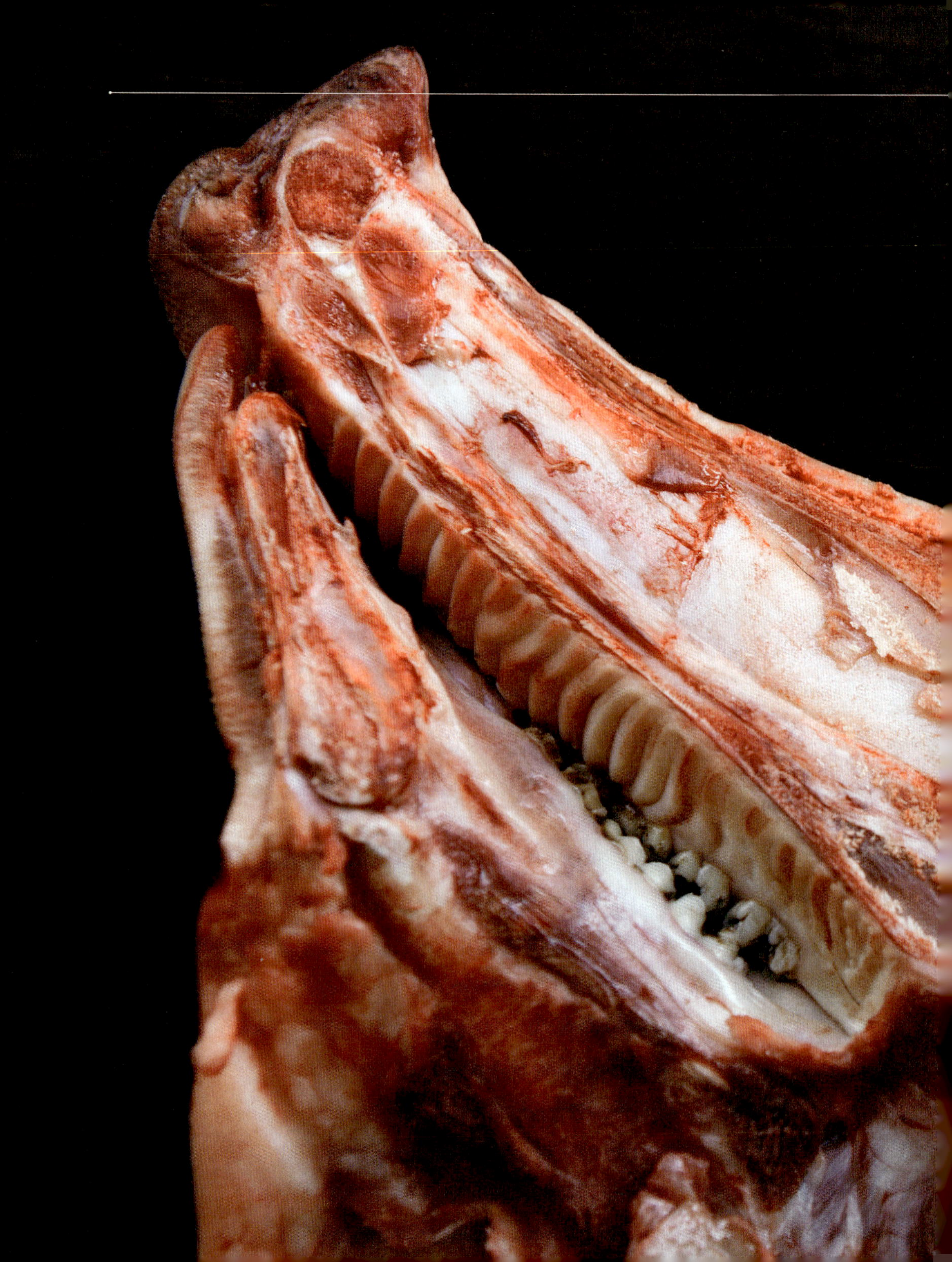

HET VLEES

41

Van kop tot staart

HET VLEES
Anatomie

Waar zit wat? En wat zijn de mooiste en lekkerste delen? Een minicollege anatomie van het varken.

Er zijn eigenlijk maar twee categorieën vlees: taai en mals. Het is goed om daarmee rekening te houden om te bepalen hoe je je vlees gaat bereiden. Taai vlees bevat veel zogenoemd bindweefsel. Het zit in spieren die hard hebben moeten werken, zoals de nek, de schouder en de poten. Taai vlees moet je lang genoeg verhitten om het bindweefsel op te laten lossen en het vlees zacht te maken. Als je dat doet - bij voorkeur bij lage temperatuur - heb je een fantastisch lekker en mals stukje vlees. Denk bij het varken onder meer aan een braadstuk als de nek (procureur), varkenswang of een rollade van schouder. Bij deze delen kun je gerust een kerntemperatuur van 70 °C en meer hanteren. De losgekomen gelatine (van opgelost bindweefsel) en eventueel aanwezig vet houden het vlees ook bij langdurige verhitting sappig.

Mals vlees

Mals vlees komt van spieren die niet veel zijn gebruikt en bevat weinig bindweefsel. Bij varkens zijn dat onder meer de varkenshaas, haaskarbonade, de rug en de bil. Deze delen kun je het best kort garen, op niet te hoog vuur. Mals vlees wordt anders al snel droog en taai. Varkensvlees begint gaar te worden vanaf ongeveer 55 °C. Een veilige marge is een kerntemperatuur van 58–60 °C. Het vlees is vanbinnen dan lichtroze. Oudere dieren hebben taaier 'werkvlees' (lees: spieren die intensief hebben gewerkt) dan jongere dieren. Varkens worden relatief jong geslacht, na 6 maanden. Anders dan bij runderen, die bij 15-20 maanden slachtrijp zijn. Varkensvlees is daarom over het algemeen vrij mals vlees. Manieren om varkensvlees extra mals en smaakvol te maken zijn pekelen of marineren (zie hoofdstuk 4).

Smaak

Ongeacht welk deel je gebruikt is het krijgen van een mooie korst essentieel voor de smaak. Gebraden, geroosterd en gebakken varkensvlees ontwikkelt door verhitting een korst omdat de oppervlakte uitdroogt en heet genoeg wordt om de beroemde Maillardreactie aan te gaan. Door verhitting ontstaat een complexe opeenvolging van chemische reacties die zorgt voor een goudbruine kleur en een knapperige buitenkant. Maar het vlees krijgt daardoor ook een rijke, volle smaak. De Maillardreactie treedt alleen op bij temperaturen boven de 120-140 °C. Aanbakken van het vlees is daarom cruciaal, maar niet te lang en op een niet te hoog vuur (anders droogt het vlees uit).

Kleur

Bereidingstijden in kookboeken (ook in dit boek) zijn slechts benaderingen. De garingstijd wordt mede bepaald door de begintemperatuur van het vlees, de werkelijke temperatuur van de oven, de dikte van de pan en dikte van het vlees. Ook het vetgehalte speelt een rol; vet vlees wordt langzamer gaar dan mager vlees. Voor braadstukken is een (betrouwbare) kernthermometer handig. De gaarte kun je ook controleren door op het vlees te drukken. Hoe gaarder het vlees, hoe steviger (dit vergt enige ervaring). De simpelste controle is snijden in het vlees om de kleur te controleren (het vochtverlies is klein en slechts plaatselijk). Controleer echter niet altijd alleen op kleur; gepekeld vlees is altijd rosé vanbinnen vanwege het gebruikte nitrietzout dat kleur behoudt.

HET VLEES
Anatomie

Kop tot staart

Het varken is bij uitstek geschikt om letterlijk van kop tot staart te eten. Kop, oren, (onder)poot en staart bevatten (nauwelijks) vlees en bestaan voornamelijk uit zwoerd en bindweefsel. Als je ze lange tijd verhit ontstaat een zachte massa: gelatine. Vanwege de bindende werking van gelatine zijn deze incourante delen van oudsher populair voor in de soep of in de worst. Organen van het varken, zoals de lever, zijn prima basismateriaal voor paté en worst. Zelfs het bloed wordt gebruikt voor de balkenbrij of bekende bloedworst (boudin noir). Ook het vet van het varken (rug en buik) is een dankbare bron voor vele soorten gerechten. Al dan niet gepekeld, gekruid en/of gerookt. Varkens zijn de afgelopen decennia steeds magerder geworden. Varkensvlees bevat nog maar eenvijfde tot de helft aan hoeveelheid vet vergeleken met dertig jaar geleden. Het vet is eruit gefokt. Maar er zijn steeds meer varkensboeren die terugkeren naar oude varkensrassen met een spekbedekking van weleer. Lekkere volvette beesten met een karaktervolle smaak die het tot een feest maken om in de keuken met varkensvlees aan de slag te gaan.

Hoe herken je kwaliteit?
- Mooi gemarmerd vet (intramusculair vet)
- Wit vetrandje (niet gelig)
- Roze tot rozerode kleur (niet bleekjes)
- Droog (geen plasje in de vitrine)
- Voelt niet slap (mag terugveren na indrukken)
- Hoe fijner de draad, hoe malser en zachter

1. Kop
2. Procureur/nek
3. Schouderkarbonade
4. Rib
5. Lende
6. Schouder
7. Buik
8. Rugspek
9. Haas
10. Dikke lende
11. Bovenbil
12. Platte bil
13. Bovenpoot (schenkel)
14. Onderpoot
15. Kinnebak
16. Staart

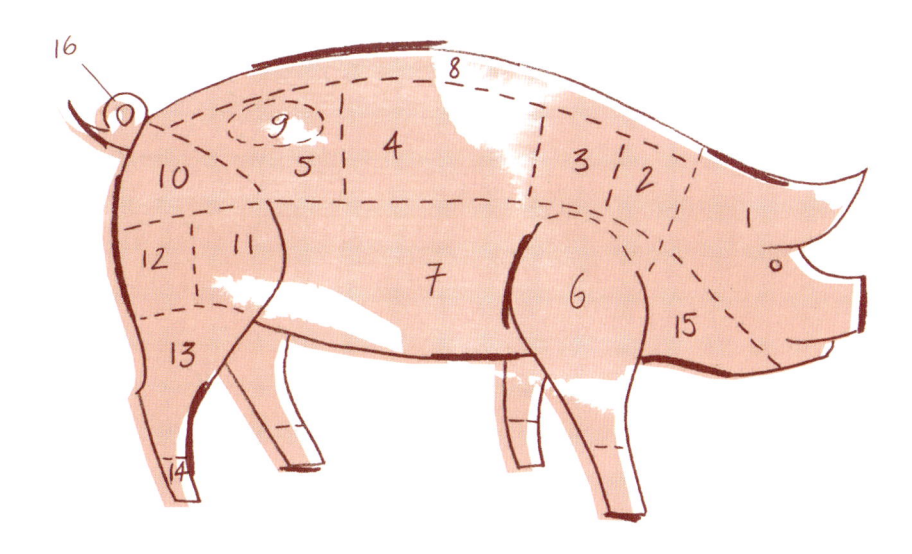

HET VLEES
Van kop tot staart

44

Halskarbonade

Een karbonade wordt gesneden uit de zogenoemde karbonadestreng die loopt vanaf de kop tot de bil, over het ruggedeelte. Vanaf de kop wordt de karbonade minder vet. De hals- en schouderkarbonade zijn het meest doorregen, de rib- en haaskarbonade magerder. De halskarbonade is vrij taai vlees dat na 25-30 minuten bakken of sudderen echter lekker mals wordt.

ANDERE NAMEN: PORK CHOPS (VS), CUTLETS (VS), CÔTES DE PORC (FR)
PRIJS: €

Schouderkarbonade

De schouder heeft na de halskarbonade het meeste vet en daardoor veel smaak. Afkomstig uit de intensief gebruikte spiermassa rond de schouder en dus wat taaier. Het devies is ook hier langer bakken (circa 25-30 minuten). En dan heb je de lekkerste, sappigste karbonade die je je kunt wensen. Het heeft weinig been, zonder been heet het schouderfilet.

ANDERE NAMEN: BLADE CHOPS (VS), CUTLETS (VS), CÔTES DE PORC (FR)
PRIJS: €

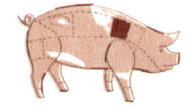

Ribkarbonade

Zit tussen de schouder- en haaskarbonade. Malse en relatief magere karbonade (ook chic 'ribkotelet' genoemd), met fijne vetmarmering. Mag vanbinnen lichtroze zijn (7-8 minuten bakken). Heeft een ribbeentje dat je schoon kunt snijden zodat het fraai uitsteekt. Ook bacon en cordon bleu maak je van de ribkarbonade. Casselerrib is gepekelde ribkarbonade die daarna licht is gerookt. De eerste 4-5 ribben van de ribkarbonade worden ook wel slagerskarbonade genoemd; ze bevatten iets meer vet dan de ribben die daarna komen.

ANDERE NAMEN: RIB CHOPS (VS), CÔTES DE PORC (FR), CARRÉ DE CÔTES (FR)
PRIJS: €€

HET VLEES
Van kop tot staart

45

Haaskarbonade

De haaskarbonade is de magerste karbonade. Kort bakken (6-7 minuten) anders droogt het vlees uit. De haaskarbonade bevat een T-vormig beentje, met aan de ene kant het karbonadevlees en aan de andere kant een stukje vlees van de varkenshaas. Vergelijkbaar met de bekende T-bone van het rund. Zonder de haas heet het lendekarbonade. Ook bekend van de lendefiletrollade. Net als de rib- heeft de haaskarbonade aan de buitenkant vaak een dun vetrandje. Snijd dit voor het bakken in, om te voorkomen dat het vlees kromtrekt.

ANDERE NAMEN: LOIN CHOPS (VS), CÔTES DE PORC (FR)
PRIJS: €€

Varkenshaas

Een gehele varkenshaas bestaat uit de bekende lange haas (langwerpig, aflopend in een punt) en een dikker gedeelte ('kophaas'). Goede kwaliteit varkenshaas heeft een lichte vetmarmering, maar is vergeleken met andere delen vrij mager. Populaire eetcaféklassieker in combinatie met champignonroomsaus. De kophaas wordt vaak in blokjes gesneden voor saté. Varkenshaas bak of braad je vrij kort tot net over rosé (58-60°C kerntemperatuur). In andere landen worden kop- en lange haas meestal als een stuk geserveerd.

ANDERE NAMEN: FILET MIGNON (FR)/ TENDERLOIN (VS)/ FILLET (VS)/ LOMO (SP)
PRIJS: €€€

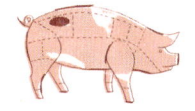

Procureur

Ofwel de nek. Goedkoop en sappig braadstuk met maximale smaak. Lekker lang garen, dan is de procureur op zijn best. Ondergewaardeerd stuk van het varken dat momenteel echter bezig is met een comeback in de horeca, mede vanwege gunstige prijs. Wordt ontbeend en ook met bot verkocht. Van de procureur worden ook de halskarbonades gesneden

ANDERE NAMEN: COLLAR (VS), ECHINE (FR), SPIERING (BELGIË)
PRIJS: €

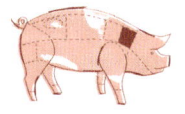

HET VLEES
Van kop tot staart

Ribstuk

Het equivalent van het bekende runderribstuk. Begint vanaf de vierde of vijfde karbonade van de karbonadestreng en kan tot acht ribben groot zijn. Wordt verkocht met en zonder zwoerd. Kerf een ruitpatroon in het zwoerd, insmeren met olie en na het braden heb je een spectaculair ogend braadstuk met een lekkere brossig krokante goudbruine buitenkant. In Engelstalige landen is de crown roast of pork een pronkstuk voor speciale dagen. Twee ribstukken worden als een kroon met een slagerstouw samengebonden. Moet 'net over rosé heen' worden gegaard.

ANDERE NAMEN: RIB ROAST (VS), CARRÉ DE CÔTES (FR)
PRIJS: €€

Spareribs

Magere ribbetjes, ook wel varkensribbetjes genoemd. Maximaal dertien ribben aaneen. Het vlees zit op en tussen de botten. Om te roosteren op barbecue of in de oven of grill. Gaat goed met (zoete of pittige) marinade. Er zijn twee soorten: spareribs uit de buik en spareribs uit het ribstuk. De meeste slagers verkopen de laatste, maar de buikspareribs zijn eigenlijk lekkerder (iets vetter, groter). Krabbetjes (spareribs met klein botje), zoals gebruikt in de erwtensoep, zijn afkomstig uit de schouder.

ANDERE NAMEN: BELLYRIBS, BABY BACK RIBS (VS), COSTILLA DE CERDO (SP)
PRIJS: €

Speklap

Afkomstig van de varkensbuik. Van al het spek dat een varken heeft, het magerste spek. Afhankelijk van welk deel van de buik heeft de speklap meer of minder vet of vlees. Niet te dik snijden (circa 1 cm). Speklapjes zijn met of zonder zwoerd verkrijgbaar. Krokant uitgebakken geeft het zwoerd een extra lekkere smaak aan het vlees. Ook de bekende spekblokjes komen van de speklap/buik.

ANDERE NAMEN: PORK BELLY (VS)
PRIJS: €

HET VLEES
Van kop tot staart

Varkensbuik

Ook wel buikspek genoemd. Het deel waar de speklapjes van worden gesneden. Maar ook goed te bereiden als een stuk (500 gram of meer). Zeer sappig en vrij vet deel van het varken. Gepekeld en ingewreven met kruiden erg lekker als een braadstuk in de oven (met of zonder knapperig zwoerd). Snijden in dunne plakken (1-2 cm). Een populair gerecht op de menukaart van trendy restaurants. Wordt ook gebruikt om gerookt mager spek van te maken.

ANDERE NAMEN: PORK BELLY (VS), POITRINE (FR), LARD MAIGRE (FR)
PRIJS: €

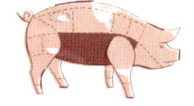

Ontbijtspek

Voor gerookt ontbijtspek (ook wel mager ontbijtspek genoemd) wordt het buikspek gedurende enkele weken drooggezouten en vervolgens gedroogd en gerookt. Anders dan pancetta wordt het niet gekruid. Lekker om droog krokant te bakken, voor bij een gebakken eitje. Gekookt ontbijtspek ondergaat een injectiepekel voor het wordt gekookt. Er wordt onder andere katenspek, Zeeuws spek en zuurkoolspek van gemaakt.

ANDERE NAMEN: PORK BELLY (VS)
PRIJS: €

Rugspek

Het spek tussen het vlees en het zwoerd (de huid). Zit over de hele lengte van de rug. Het bestaat uit wit vet en eventueel een (dun) stuk vlees (afhankelijk hoe de slager snijdt). Bij vette varkens kan de vetlaag 10-12 cm dik zijn. Er wordt onder meer lardo van gemaakt. Maar ook lardeerspek om vlees mee te omwikkelen, zodat het zacht en sappig blijft. Of voor in de worst of zoals lever met spek. Ook de witte spekdobbelsteentjes en het spek in brochettes zijn veelal gemaakt van rugspek.

ANDERE NAMEN: LARDO (IT), LARD (FR), BARDIÈRE (FR)
PRIJS: €

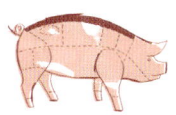

HET VLEES
Van kop tot staart

48

Ham

De bil van het varken. Onder te verdelen in verschillende delen: spierstuk, bovenbil, staartstuk, platte bil, achtermuis en dikke lende. Ham is zeer geschikt om als een braadstuk te bereiden. Fricandeau, oesters, hamlappen, schnitzels en rollade komen onder meer uit dit deel van het varken. Het woord ham wordt verwarrend genoeg ook gebruikt voor vlees dat als ham is behandeld. Er wordt dan een zoutoplossing in het vlees gespoten (zogenoemd injectiepekelen). Schouder- en achterham (afkomstig uit resp. de schouder en de bil/ham) worden na het pekelen gekookt. Rauwe ham is drooggezouten en daarna gedroogd (en soms ook gerookt).

ANDERE NAMEN: PICNIC HAM (VS), JAMBON (FR), JAMÓN (SP), HESP (BELGIË)
PRIJS: €€€

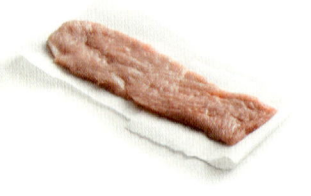

Schnitzel

Allerhande stukken gepaneerd varkensvlees worden door slagers als schnitzels verkocht. Het devies: koop zelf een goed stuk vlees en paneer zelf. Slagers verkopen veelal vlees uit de platte bil als schnitzel, maar de ware schnitzel komt uit de (duurdere) bovenbil. Schnitzels zijn langwerpig en vrij dun en worden 'met de draad mee' gesneden, waardoor ze tijdens de bereiding plat in de pan blijven liggen.

ANDERE NAMEN: ESCALOPE (FR)
PRIJS: €€

Varkensoester

Wat de kogelbiefstuk is voor het rund, is de oester voor het varken. De varkensoester is afkomstig uit de zogenoemde achtermuis, gelegen tussen de platte bil en bovenbil. Vrij mager vlees, zeer mals en zacht. Kort bakken. Voor een oester van circa drie vingers dik 3-4 minuten per kant, tot het vlees vanbinnen lichtroze is. Je kunt de oester voor het bakken ook even door de bloem halen voor een lekker korstje en lichtgebonden jus.

ANDERE NAMEN: ESCALOPE DE PORC (FR), MEDAILLONS (VS)
PRIJS: €€€

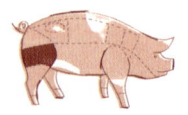

HET VLEES
Van kop tot staart

Rollade

De lekkerste is gemaakt van de procureur, want die levert lekker vet en sappig vlees. Maar je kunt ook van de filet of de schouder een rollade maken. Of neem eens een rollade van buikspek met zwoerd, krokant gebakken aan het spit. Een goede rollade heeft niet meer dan peper en zout nodig, maar je kunt 'm natuurlijk ook vullen.

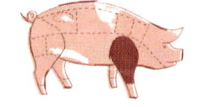

Schouder

Minder mals (en ook goedkoper) dan de ham. Minder vet dan de nek. Te bereiden als schoudergebraad voor een groter gezelschap. Het mooiste schoudergebraad is het bloemstuk. Geschikt voor garen op lage temperatuur. Schouder wordt ook veel gebruikt in verse worst, patés, pulled pork, schouderham en andere charcuterie.

Varkensschenkel

Ook wel voor- of achterschenkel genoemd. Strikt genomen is de poot het onderste deel en begint daarboven de schenkel. De schenkel bestaat uit bot met vlees eromheen dat vol is van smaak (de achterschenkel heeft meer vlees dan de voorste). Heeft lange bereiding nodig zoals in stoofschotels. Ook te gebruiken in rillettes, paté of worst. Bekend van Fisbein: de (langzaam) gegaarde varkensknie als begeleider bij zuurkoolschotel. Past ook goed bij erwtensoep.

ANDERE NAMEN: ROLLED ROAST (VS), ROTI DE PORC (FR)
PRIJS: €€

ANDERE NAMEN: SHOULDER (VS), PALETA (SP), EPAULE (FR)
PRIJS: €

ANDERE NAMEN: SHANK (VS), JARRET DE PORC (FR)
PRIJS: €

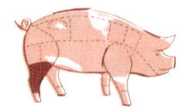

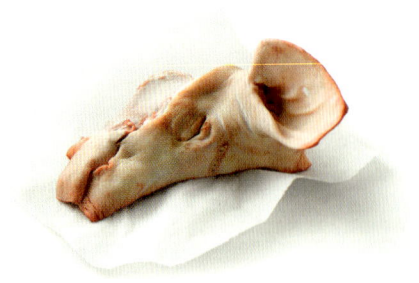

HET VLEES
Van kop tot staart

Kop

De kop wordt meestal in zijn geheel (met uitzondering van het kinnebakspek) langdurig gekookt in water of bouillon met een kruidenboeket. Het gare kopvlees wordt van het bot gepeld en verwerkt in worst, paté, balkenbrij of bijvoorbeeld pulled pork. Zure zult is kopvlees gemengd met onder andere augurk, witte wijn, azijn, peper en zout en gegoten in een vorm. De vorm wordt verzwaard om het vleesmengsel compacter te maken ('pressen'). Zure zult (preskop, kopvlees) wordt als plak geserveerd. Je kunt de (ontbeende) kop ook in zijn geheel bereiden (eventueel vullen) en op de barbecue grillen.

Andere namen: Tête (FR), Cabeza de Cerdo (SP)
Prijs: €

Varkenswang

Zeer smakelijk onderdeel van de kop. Het vlees moet langzaam worden gegaard tot het bijna uit elkaar valt. Zeer gelatinerijk vlees dat ideaal is voor stoofgerechten. Het vet en de gelatine geven het gerecht een fluweelachtige malse structuur.

Ook te gebruiken in paté of worst. Varkenswangen liggen bij de meeste slagers niet kant-en-klaar in de vitrine, dus bestellen. Het goede nieuws: varkenswangen zijn heel goedkoop.

Andere namen: Carrilleras (SP), Cheeks (VS)
Prijs: €

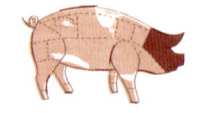

Oor

Wordt – eenmaal gegaard – in Nederland vooral in vleeswaren en in worst gebruikt als bindmiddel. Varkensoren verdwijnen (net als de complete kop) naar onder andere China waar men er gek op is. Varkensoor kan ook als apart gerecht worden bereid. Je kunt ze langzaam smoren in wijn of bouillon zodat ze lekker zacht worden en serveren met de saus van het smoorvocht. Of de gesmoorde oren bestrooien met paneermeel en gratineren in een hete oven. Of snijden in kleine stukjes en frituren.

Andere namen: Oreja de Cerdo (SP), Oreilles de Porc (FR)
Prijs: €

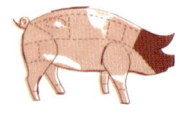

HET VLEES
Van kop tot staart

Snuit

Net als de staart, het oor en de poot bestaat de snuit vooral uit zwoerd en bindweefsel dat – eenmaal gekookt – zorgt voor gelatine die je in gerechten (zoals erwtensoep) kunt gebruiken voor binding en extra smaak. Ook lekker: varkenssnuitsalade; een soort luxe variant op zure zult. Kook de snuitjes gaar in de bouillon, laat een nacht opstijven in de bouillon. Snijd de snuit in kleine blokjes. Maak een vinaigrette (olie, azijn, mosterd, fijngesneden uitjes en cornichons) en meng die door de snuitblokjes.

ANDERE NAMEN: GROIN DE PORC (FR), HOCICO DE CERDO (SP)
PRIJS: €

Poot

De poot zit onder de schenkel en bestaat uit zwoerd en bindweefsel. In Nederland vooral bekend voor in de erwtensoep (een poot 2 uur lang mee laten koken). Gevulde varkenspootjes zijn voor liefhebbers een delicatesse. Een traditionele 'pied de couchon' is een poot die wordt gekookt, ontbeend, gevuld (met o.a. gehakt vlees en kruiden) en dichtgebonden, om daarna te bakken of grillen. De Italiaanse variant heet Zampone. Zwoerd van gegaarde poot wordt ook verwerkt in patés en de worstmakerij.

ANDERE NAMEN: PIEDS DE PORC (FR), ZAMPONE (ITALIË), PIE DE CERDO (SP)
PRIJS: €

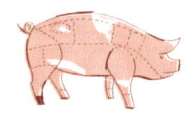

Staart

In een echte oud-Hollandse erwtensoep mag de varkensstaart niet ontbreken. In de staart zit geen vlees, maar wel zwoerd en bindweefsel (net als oor en snuit). Eenmaal gekookt krijg je gelatine die zorgt voor binding en extra smaak van de soep. Kook de staart mee bij het overige soepvlees. Je kunt de (gaargekookte) staart ook prima gebruiken om mee te draaien bij het vlees voor balkenbrij of zure zult.

ANDERE NAMEN: QUEUE DE PORC (FR), COLA DE CERDO (SP)
PRIJS: €

Over spek & vet

Lardo ofwel
Italiaans rugspek

HET VLEES
Over spek & vet

Het varken bestaat voor een belangrijk deel uit vet. Maar het ene vet is het andere niet. De delen met het meeste vet zijn rugspek, buikspek en kinnebakspek. En daar kun je veel lekkere dingen mee maken. Maar er zijn ook vleesdelen die spek worden genoemd maar dat eigenlijk niet zijn.

Bacon
Britse benaming voor (droog)gezouten (rib)karbonade met het rugvet er nog aan. Soms ook gerookt, en met of zonder zwoerd verkrijgbaar. Wereldberoemd vanwege *bacon and eggs*. Hoewel de namen soms door elkaar worden gebruikt is bacon dus niet hetzelfde als buik- of ontbijtspek. De ribfilet wordt na het zouten vacuüm verpakt (zogenoemd droogpekelen of droogzouten) om enkele weken door te rijpen in de koelkast (2–5 °C). Het zout onttrekt vocht aan het vlees waardoor het mals wordt en meer smaak krijgt. Daarna wordt de bacon meestal nog (koud) gerookt. Bacon is erg lekker als borrelhapje (in plakjes of in blokjes gesneden) of als broodbeleg. Zogenoemde bakbacon krijgt in plaats van droge pekel, een injectiepekel. De slager injecteert de pekel (lees: zoutoplossing) in het vlees. Het vlees krijgt meer volume (circa 10% vloeistof ten opzichte van het gewicht). Bakbacon verliest – net als gewone bacon – tijdens het daaropvolgende vacuümrijpen en het roken vocht, maar er blijft per saldo meer vocht over vanwege de injectiepekel. Bakbacon blijft tijdens het bakken daardoor sappiger dan gewone bacon. Maak of koop natuurlijk gerookte bacon en geen 'smoked flavoured' bacon. Een dik stuk is langer houdbaar dan dunne plakken. Bewaar in de koelkast gewikkeld in een theedoek, niet in plasticfolie; dan wordt het zuur.

Pancetta
Ook wel *Italian bacon* genoemd. Wordt verkocht als kant-en-klare blokjes of in plakjes of aan een stuk. Populair als basisingrediënt voor pasta(sauzen) zoals de klassieke *spaghetti alla carbonara*. Gemaakt van buikspek dat wordt gekruid, (droog)gezouten en gerijpt. De variatie aan gebruikte kruiden is groot: rozemarijn, venkel, oregano, knoflook en nog meer. Opgerolde pancetta heet in Italië *pancetta arrotolata*. Het heeft aan de buitenkant een laagje vet waardoor het vlees vanbinnen zacht blijft. Het bevat veel vet en is daardoor zeer geschikt om te bakken.

Kaantjes
Over kaantjes bestaan nogal eens misverstanden. Het wordt – ten onrechte – vaak gebruikt als verzamelnaam voor alle soorten uitgebakken spekjes, zoals de bekende spekblokjes uit de supermarkt (zie lardons). Echte kaantjes zijn gemaakt van reuzel. Reuzel (ook wel niervet of smout genoemd) is afkomstig uit de buik van het varken. Het is zacht en zeer olierijk vet dat de nieren omsloten houdt. Door niervet langzaam te laten smelten splitst het vet zich in vloeibaar vet en drijvende, niet-smeltbare vetdeeltjes die kaantjes heten. Ook van de zachte delen van het rugvet – het zachte en olierijke deel bij de bil– kun je op dezelfde wijze 'kaantjes' maken, hoewel die naam dus eigenlijk is gereserveerd voor uitgebakken niervet. Na het uitbakken resteren goudbruine deeltjes vet die krokant zijn vanbuiten en zacht vanbinnen. Hoe langer je uitbakt hoe harder de kaantjes worden (tot er geen olie meer inzit). Het is belangrijk dat de temperatuur niet te hoog oploopt, anders verbrandt het vet. De pan mag niet walmen (dus een temperatuur onder de 180 °C). Door het niervet eerst in kleine stukjes te snijden of grof te malen (14 mm plaat) laat het vet beter olie los. Gebruik een zeef om de drijvende kaantjes uit het gesmolten vet te halen. Uitgelekte

HET VLEES
Over spek & vet

kaantjes breng je op smaak met peper en zout. Kaantjes zijn lekker door de stamppot (lekker krokant), door een salade of voor op brood. Ook geschikt om door de bloedworst te doen.

Reuzel
Uitgesmolten reuzel (ofwel niervet) dat je kunt gebruiken om je karbonade (of ander varkensvlees) in te bakken of om bijvoorbeeld *rillettes de porc* van te maken. Je kun het op een koele plek maanden bewaren in een afgesloten (Keulse) pot of weckpot. Vroeger was het krachtvoer voor arbeiders. Ze smeerden het op brood (in plaats van dure boter) of dronken zelfs een glas vloeibare reuzel voor extra energie. Vetliefhebbers met nostalgische inborst zweren bij stroopvet. Dit is broodbeleg gemaakt van afgekoelde gesmolten reuzel vermengd met kaantjes en suikerstroop (2 delen gesmolten reuzel en 1 deel Zeeuwse stroop en wat zout) dat je op roggebrood of bruin brood smeert.

Rugspek
Ook wel vetspek genoemd. Dit vette spek zit tussen het vlees en het zwoerd (de huid) van het varken en bestaat hoofdzakelijk uit vet met soms een heel dun laagje vlees. Het zit over de gehele lengte van de varkensrug. Bij vette varkens kan deze laag 10-12 cm dik zijn. Hoe verder naar de kop, hoe harder het spek. Hoe meer naar de ham (de bil van het varken), hoe zachter. Zacht rugspek wordt in Frankrijk *lard fondant* genoemd ('smelt-spek') en is geschikt om uitgebakken spekblokjes van te maken. Het harde rugspek heet *lard dur*. Rugspek is het beste spek voor lardo. Maar het wordt ook gebruikt als lardeerspek om bijvoorbeeld een stuk wild mee te omwikkelen zodat het zacht en sappig blijft. Of om te barderen; het aanbrengen van reepjes vet met een holle naald in een worst bijvoorbeeld, zoals lever met spek. Ook de bekende uit te bakken witte spekdobbelsteentjes, zoals in kapucijners met spek of het spek in brochettes, zijn veelal gemaakt van rugspek. Je kunt vetspek ook roken (twee weken vacuüm droogzouten in de koelkast en vervolgens voordrogen en koud roken in rookkast en af laten koelen). Als je vetspek (lees: rugvet) uitbakt heb je... spekvet. Daar kun je - net als in gesmolten reuzel - in bakken. De kleur is iets grauwer dan van gesmolten reuzel.

Lardo
Italiaans rugspek. Gepekeld, gekruid en gerijpt in dunne plakken gesneden. Smelt op de tong. Gemaakt van zware varkens met een extreem dikke rugspekbedekking die gevoerd worden met groenten en kastanjes. Lekker op warme crostini met versgemalen peper.

Buikspek
Omvat een fors deel van het varken. Goedkoop spek met veel mogelijkheden. Buikspek is meer of minder doorregen. Oftewel: vet en vlees wisselen elkaar af, het spek is 'doorregen' met meer of minder dunne laagjes vlees. Wanneer het spek geheel uit vet (zonder vlees) bestaat wordt het vetspek genoemd - net zoals rugspek. Speklapjes zijn onbehandelde plakken buikspek (met of zonder zwoerd). Ook mager (gerookt) ontbijtspek is gemaakt van buikspek (zie ontbijtspek). Buikspek (ook wel varkensbuik genoemd) is erg lekker als braadstuk. Vraag je slager om een stuk van 1-2 kilo (eerst droogzouten en dan in de oven).

Gerookt buikspek

Crépinette
ofwel varkensnet

HET VLEES
Over spek & vet

Ontbijtspek
Spek afkomstig van de buik dat bestaat uit vet en vlees. Het lekkerst is het dikke, niet te vette deel van de buik. Het buikspek wordt (vacuüm) drooggezouten gedurende enkele weken en vervolgens gedroogd en (koud) gerookt. Anders dan pancetta, wordt het meestal niet gekruid. Gekookt ontbijtspek ondergaat een injectiepekel (of natte pekel) voor het wordt gekookt. Er worden verschillende speksoorten van gemaakt. Zeeuws spek wordt na het pekelen gekruid en na rijping gekookt en gebraden. Katenspek is van origine Duits en wordt gepekeld en op smaak gebracht met mosterd, peper, knoflook en kaneel.

Kinnebakspek
Vet met weinig vlees eraan; is iets magerder dan rugspek. Meestal gepekeld en gedroogd. Wordt in onbewerkte vorm veel gebruikt bij worst maken om de worst een betere structuur te geven. Of in gehakt. Liefhebbers eten kinnebakspek op brood. Het spek wordt gepekeld, gekookt, gekoeld en dan in dunne plakjes, met bijvoorbeeld mosterd, op brood gegeten.

Varkensnet
Ook wel crépinette genoemd. Dunne met vet dooraderde bekleding van de buikholte van het varken. Je kunt het diepgevroren of reeds ontdooid krijgen bij je slager. Week het varkensnet in koud en zout water om het soepel te maken. Crépinette wordt gebruikt om gerechten met een vleesmengsel bijeen te houden zodat het mooi in model blijft, zoals bijvoorbeeld patés of varkensgehakt. Tijdens het garen smelten de in het net verdeelde dunne vetaders grotendeels zodat het vlees subtiel met vet wordt bedropen en sappig blijft. Knip het varkensnet eerst op maat en gooi wat je niet gebruikt weg. Meerdere lagen varkensnet over elkaar is niet lekker.

Gebakken spekjes
In Frankrijk ook wel *lardons* genoemd. Dit zijn uitgebakken spekblokjes van doorregen gerookt spek. Dus van vlees met vetweefsel eraan. Altijd op laag vuur bakken voor het beste resultaat. Giet tijdens het bakken eventueel overtollig vet af. Om aanbakken te voorkomen kun je eerst twee eetlepels water in de pan doen. Het water verdampt tijdens het bakken waarna je droog verder bakt – ook een goede truc voor het krokant bakken van speklapjes – zie recept.

Zwoerd
De huid van het varken. Na het broeien of afbranden en schoonkrabben van de buitenkant wordt spekzwoerd gebruikt om de bodem van cocottes (braad- en stoofpannen) te bekleden om aanbranden te voorkomen. Het vet trekt in het gerecht en geeft smaak mee. Zwoerd wordt ook in worsten of soep verwerkt als bindmiddel. Of in stoofschotels zoals een traditionele cassoulet. Je kunt zwoerd (met een beetje spek er nog aan) ook krokant bakken. Of frituren en als snack serveren. Snijd het zwoerd in kleine stukjes (8 x 2 cm), kook ze 10 minuten in water, dep droog, laat 1 uur drogen in de oven (180 °C – het zwoerd moet hard en droog aanvoelen).

Hoe krijg je een krokant reepje ontbijtspek?
Blancheer enkele plakjes dungesneden ontbijtspek 30 seconden in gekookt water. Bak de plakjes ontbijtspek droog in de koekenpan op middelhoog vuur. Plet met de onderkant van een andere pan (of een ander zwaar voorwerp) het spek, zodat het vocht verdampt en het spek niet opkrult. Als het (nagenoeg droge) ontbijtspek krokant is, dan uit laten lekken op keukenpapier. In plaats van bakken kun je het ontbijtspek ook in de oven droogbakken, 50 minuten op 120 °C, leg de spekreepjes op bakpapier op een rooster met een lekbak eronder.

1

2

3

4

HET VLEES
Zó maak je reuzel

Reuzel is het zachte niervet van het varken. Eenmaal gesmolten splitst de varkensreuzel in gesmolten vet en de niet-smeltbare deeltjes, de bekende kaantjes. Lekker om je varkensvlees in te braden of om varkensrillettes van te maken. Liefhebbers smeren het op brood, al dan niet met stroop. Heb je reuzel over? Ook te gebruiken – handig! – als smeermiddel bij krakende scharnieren of om je borst mee in te smeren tijdens barre schaatstochten.

1 *kopen*
Vraag je slager om niervet. Snijd de reuzel in lange repen en vervolgens in blokken (circa 2,5 x 2,5 cm) of laat je slager dat doen. Door het niervet eerst in blokjes te snijden (of zeer grof te malen, 14 mm plaat), laat het vet beter olie los.

2 *smelten*
Smelt de reuzel op (zeer) laag vuur tot het is gesmolten. Doe eerst een bodempje water in de pan om aanbranden te voorkomen. Het is belangrijk dat de temperatuur niet te hoog oploopt anders verbrandt het vet. De pan mag niet walmen.

3 *splitsen*
Zodra al het vet is gesmolten ontstaan goudbruine deeltje vet (de kaantjes) die krokant zijn vanbuiten en zacht vanbinnen. Hoe langer je uitbakt hoe harder de kaantjes worden (tot er geen olie meer inzit). Giet het mengsel door een zeef. De kaantjes kun je nog even extra droogbakken in een koekenpan.

4 *reuzel*
Doe het gesmolten vet in een kom of weckpot en laat afkoelen. Het vet gaat stollen, maar blijft zacht. Bewaar op een koele plaats. Gesmolten reuzel is zeker enkele maanden houdbaar.

Bio-biggen uit de Achterhoek

HET VLEES
Varken & slager

Slager Johan van Uden rijdt zijn gekoelde bestelbus het terrein op van de slachterij. Eerder heeft hij een varken besteld in Winterswijk. Niet zomaar een varken, maar het zogenoemde 't Helder Varken. Afkomstig van de ecologische boerderij 't Helder waar de varkens nog vrij en blij rond kunnen scharrelen. Het is even rijden vanuit de Randstad, maar dat heeft hij ervoor over. Met goedkeurende blik inspecteert hij de vet- en vleesbedekking van het enkele uren eerder geslachte dier. Een vrouwtje, ruim 100 kilo schoon aan de haak, van kop tot staart. Hij snijdt met zijn mes een stukje van de bovenbil. Mooi dooraderd vlees zo te zien. Daar kan hij wel wat mee.

"Ik ben altijd op zoek naar iets bijzonders," zegt Van Uden van de Heemsteedse slagerij Chateaubriand. "Ik wil graag weten waar mijn varkens vandaan komen en hoe ze hebben geleefd. De aandacht van de boer proef je in de smaak van het vlees." Onlangs zat hij nog in de smaakjury van de verkiezing voor Het Beste Varken van Nederland, een initiatief van het journalistieke weblog Foodlog.nl dat op zoek ging naar de beste en meest duurzame varkenshouder. En daar zijn er tegenwoordig – gelukkig – steeds meer van. Geen uitdijende varkensstallen met duizenden varkens op een kluitje op elkaar, maar gezonde dieren die vrij naar buiten kunnen, en die zijn gevrijwaard van antibiotica en van verminkingen als castratie en gecoupeerde staarten. De groei van het aantal kleinschalige varkensboeren is een reactie op de onafzienbare hoeveelheden anoniem varkensvlees die dagelijks door de bio-industrie van de lopende band afrollen.

Boerderij

Eko-boerderij 't Helder meldt het bord aan de toegangsweg die leidt naar de boerderij van Dick en Berdy Sloetjes. Het echtpaar had tot enkele jaren geleden een zogenoemde 'gangbare varkenshouderij' tot ze besloten – uit onvrede over de misstanden in de branche – om te kiezen voor kleinschalige biologische productie. 't Achterhoeks

HET VLEES
Varken & slager

Helder Varken is speciaal gefokt vanwege de malse vleessmaak. De kwaliteit van het vlees wordt door chefs wel vergeleken met die van het Ibéricovarken vanwege de ideale vet-vleesverhouding. Een zuiver ras is 't Helder Varken overigens niet, het is een kruising van onder andere Duroc en het Nederlands Landvarken. 't Helder Varken komt in vele kleuren: van roze tot grijs, rood, zwart, bruin en alles wat ertussenin zit. Belangrijk voor de smaak van het vlees is de voeding die de dieren krijgen, zoals de granen en het maïs dat op het bij de boerderij gelegen Nationaal Landschap Winterswijk wordt verbouwd. Het vlees staat bij de kenners bekend om de lekkere bite, een gevolg van de vele bewegingsruimte die de dieren hebben zodat spieren zich goed kunnen ontwikkelen. Het zijn stevige dieren die bestand zijn tegen de omstandigheden buiten. Minstens zo belangrijk voor de kwaliteit is dat 't Achterhoeks Helder varken langer mag groeien dan wat gangbaar is en pas bij een gewicht van minstens 120 kg wordt geslacht. Dit komt de rijpheid van het vlees ten goede, wat je ook terugvindt in de speksmaak.

Wat is biologisch?

Het varkensvlees van Boerderij 't Helder is biologisch en heeft het zogenoemde EKO-keurmerk. Het bedrijf werkt zonder kunstmest of chemische bestrijdingsmiddelen en het varkensvoer bevat geen kunstmatige geur-, kleur- en smaakstoffen en conserveringsmiddelen. Deze biologische landbouwnormen gelden in de hele Europese Unie en worden in Nederland gecontroleerd door Skal, een door de overheid aangewezen controleorganisatie. Een varkensbedrijf zoals 't Helder wordt 2x per jaar gecontroleerd; 1x aangekondigd en 1x onaangekondigd. Er zijn strenge eisen voor het gebruik van voer, medicijngebruik, hokgrootte, strogebruik, uitloop weidegang e.d. Naast biologische gerst en maïs krijgen de dieren het nodige (eveneens biologische) vezelrijke ruwvoer zoals kuilgras en kruidenrijk hooi en eiwitten. Het voer bevat geen antibiotica of andere (preventieve) geneesmiddelen. De mest van de varkens wordt weer gebruikt voor bemesting van de grond waar de maïs en graan op wordt verbouwd die aan de varkens worden gevoerd zodat de kringloop rond is. De mannetjes biggetjes van 't Helder worden overigens vooralsnog wel gecastreerd, zij het verdoofd - ter voorkoming van het optreden van berengeur tijdens het bereiden van varkensvlees.

Omdat de kloof tussen industriële varkens en 100% biologisch groot is (zowel voor de varkensboer als de consument die een veel hogere prijs moet betalen) zijn er de laatste jaren meerdere minder strenge keurmerken ontstaan die dier- en milieuvriendelijke productie nastreven. Zo heeft de Dierenbescherming in samenwerking met supermarkten een zogenoemd Beter Leven kenmerk ontwikkeld voor 'eerlijk varkensvlees' in verschillende gradaties (zie ook reportage Berkshire). Een vergelijkbaar initiatief is Keten Duurzaam Varkensvlees (KDV), een samenwerkingsverband (met eigen KDV-keurmerk) van ruim 250 boeren met groothandels, vleeswarenproducenten, slagers en andere retailers, gericht op het vergroten van het aanbod van vooral betaalbaar varkensvlees dat recht doet aan dier en milieu (www.duurzaamvarkensvlees.nl).

Linkerbladzijde: Handjeklap met slager Johan van Uden en boer Dick Sloetjes

HET VLEES
Varken & slager

Kraamkamer

Bijna vertederd kijkt eigenaresse Berdy Sloetjes naar het tafereel in een van de varkensstallen. Buiten is het koud op deze winterse dag, het weiland is met sneeuw bedekt. De meeste varkens zitten behaaglijk binnen in de stal met stro. Een groot mannetjesvarken heeft zin in een vrouwtje, maar de aantrekkingskracht is niet wederzijds. Met een luid geschreeuw loopt ze bij hem weg. "Kijk hem eens chagrijnig zijn," zegt Berdy wijzend op zijn staat die naar beneden hangt. Enkele nieuwsgierige collega-varkens kijken even naar het bezoek voor ze verder gelaten met hun snuit in het verse stro wroeten.

Op de boerderij scharrelen gemiddeld zo'n zestig zeugen rond, goed voor een slordige duizend vleesvarkens per jaar. Twee keer per jaar bevallen de moeders van gemiddeld zo'n 8 tot 10 biggetjes per worp. De kleintjes blijven zes weken bij hun moeder in een aparte kraamstal met verwarmde boxen, de kraamkamer van het bedrijf. Daarna komen ze terecht in de opgroeistal, een warme stal met vrije uitloop naar buiten waar ze een frisse neus kunnen halen op het moment dat ze daar zin in hebben. Drachtige zeugen kunnen naar buiten het weiland in en kunnen zomers baden in hun eigen modderpoel die noodzakelijke verkoeling geeft. De stallen zijn royaal opgezet, geen hokken, maar een grote ruimte met veel daglicht waar de dieren als groep zijn gehuisvest. De slaapplaats en mestplaats waar de varkens hun behoeften doen zijn strikt gescheiden. Berdy: "Varkens zijn eigenlijk zeer zindelijke dieren. Ze houden hun slaapplaats altijd schoon." Wie ernaar kijkt kan niet anders concluderen. Hier hebben blije varkentjes een lekker en stressvrij leven.

Slacht

De slacht is ook voor Berdy een lastig moment. Dagelijks verzorgt ze de dieren, ze praat tegen ze en herkent hun karakter en de beesten herkennen haar. Sommige favorieten krijgen van haar een

Berdy en Dick Sloetjes

HET VLEES
Varken & slager

koosnaam. Berdy: "Ik kijk de dieren altijd aan in de ogen en geef ze een high-five op de snuit. En dan zeg ik tegen ze dat het helaas tijd is om te gaan. Ik ben hen dankbaar dat ze het zo goed hebben gedaan. Ze hebben lekker geleefd." De selectie van de dieren gebeurt op het oog en door Berdy persoonlijk. Zij ziet wanneer het dier op voldoende slachtgewicht is. Ook kent zij de voorkeuren van haar klanten. Chef-koks en slagers kunnen hun wensen aangeven; een iets ouder dier of juist wat jonger. Een met een royale vetbedekking of juist wat minder. Met een kleurige stempel wordt hun lot bezegeld.

Hoewel de aandacht voor zogenoemd duurzaam geproduceerd varkensvlees nog altijd groeit, valt vraag en aanbod in het niet vergeleken bij de bio-industrie. Nederland produceert jaarlijks zo'n 25 miljoen fabrieksbiggen en- varkens per jaar waarvan nog altijd verreweg het merendeel via industriële productie. Slechts drie procent van het in Nederland geproduceerde varkensvlees kan doorgaan voor 'duurzaam'. De reden? De prijs. Vlees van biologisch (c.q. duurzame varkens) is tot 2,5 keer zo duur. Alles is duurder voor de varkensboer die 'eerlijk' wil boeren. De prijs voor voer is bijna het dubbele. Maar ook huisvesting en de arbeid is kostbaarder. De groep consumenten en chefs die dat geld ervoor overheeft blijft ondanks de gegroeide vraag beperkt. Toch weerhoudt dat de familie Sloetjes niet van haar missie. Berdy: "Geef varkens hun leven terug. We hebben het dier gedegradeerd tot productiemiddel met de laagst mogelijke kostprijs. Kwaliteit heeft zijn prijs. Het is te hopen dat steeds meer mensen dat gaan zien."

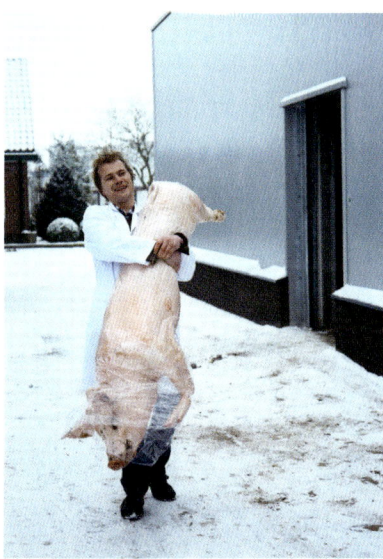

het PERFECTE VARKEN

De techniek

· 71 ·
Pekelen (droogzouten en pekelbad)

· 75 ·
Drogen

· 77 ·
Roken (koud en warm)

· 81 ·
Zó maak je bacon

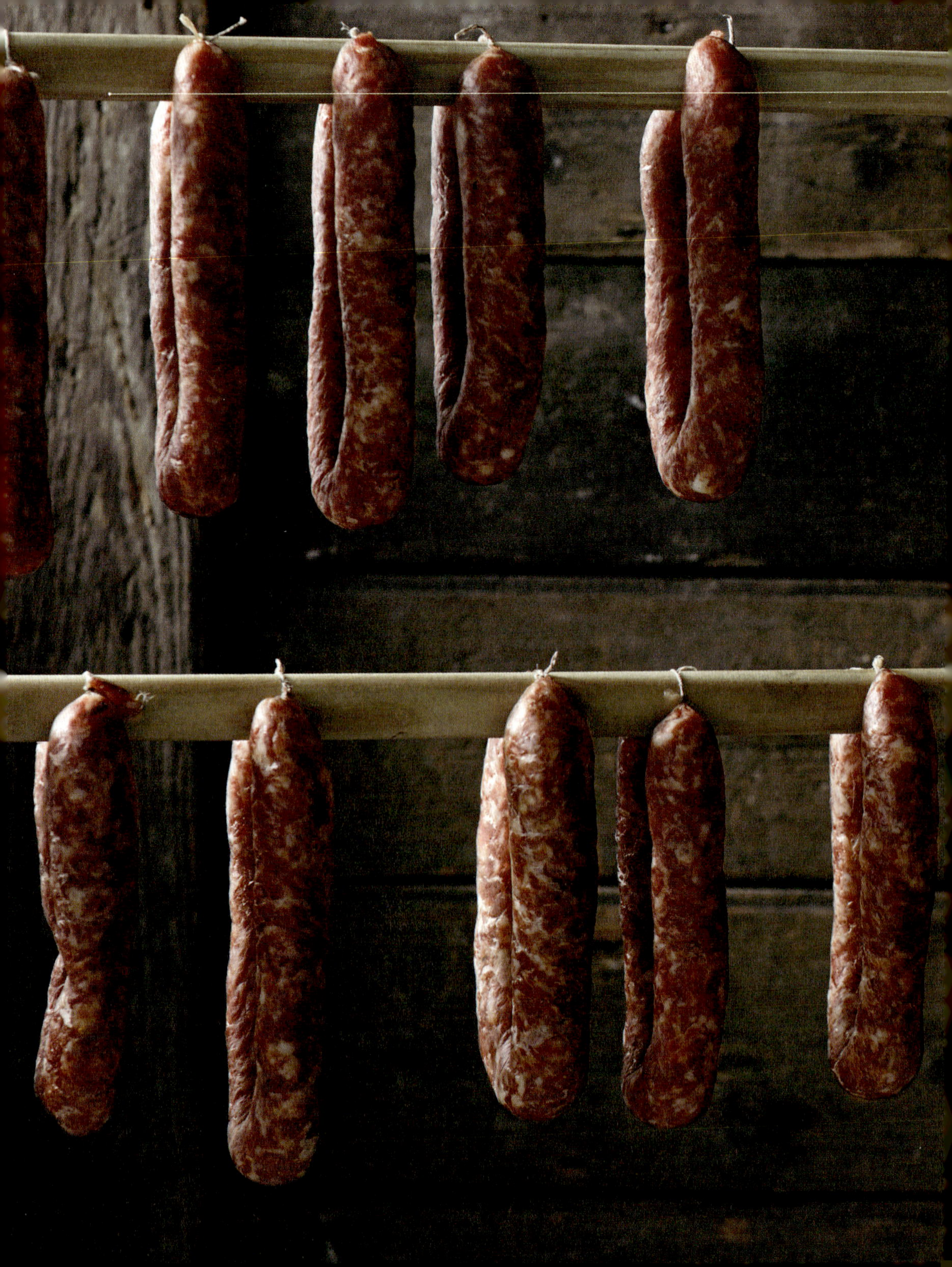

DE TECHNIEK

69

Pekelen, drogen en roken

Droogzouten: wrijf het zout en de kruiden stevig in het vlees

DE TECHNIEK
Pekelen, drogen en roken

Pekelen, drogen en roken zijn van oudsher manieren om voedsel te conserveren. Vroeger was conserveren een levensnoodzaak. Sinds de komst van de diepvriezer niet meer. Toch kan het slim zijn deze oude technieken in je keuken te gebruiken. Je geeft – mits goed toegepast – veel extra smaak mee aan je varkensvlees. Een ander voordeel: het vlees wordt malser en sappiger. Het is bovendien heel leuk om thuis te doen. En kinderlijk eenvoudig.

Droogzouten

Droogzouten is - net als 'natpekelen' – van oudsher de manier om vlees te conserveren. Een andere naam is droogpekelen. Voor de startend thuispekelaar is de droge methode de makkelijkste manier. Het is een techniek die eeuwen teruggaat. Het wordt onder meer toegepast bij het maken van gedroogde hammen zoals de beroemde hammen uit Parma en Spanje. Het zout (eventueel aangevuld met kruiden) wordt stevig in het zwoerd en het rauwe vlees gemasseerd. Het zout draagt niet alleen bij tot het doden van bacteriën waardoor vlees langer houdbaar is, maar onttrekt ook vocht aan het vlees waardoor het vlees meer smaak krijgt en malser wordt. Na het droogpekelen volgt vaak nog drogen en roken. Na pekelen, drogen en roken raakt het vlees 30-35% van het vocht kwijt waardoor de smaak nog intenser wordt maar zonder dat het vlees te droog wordt.

In de periode dat er nog geen koeling was (en een kelder van pakweg 11 °C de koudste plek was) gebeurde droogzouten door het vlees in zijn geheel op en onder een dikke laag zout te leggen. Dit hield ongewenste bacteriën letterlijk buiten de deur. Afgedekt werd het gezouten vlees dagen tot weken weggezet. Daarna werd het gepekelde vlees dagenlang in water gelegd om te ontzouten alvorens verder te worden verwerkt (denk aan koken of roken). Nadeel was dat het vlees desondanks al snel te zout bleef smaken.

Nu we beschikken over koelkast en koelcellen kan droogzouten op een lagere temperatuur plaatsvinden, tussen 2-5 °C. Daarvoor is veel minder zout nodig. En zonder dat er risico is op bacteriegroei, maar mét behoud van de positieve effecten op smaak, malsheid en kleur. Weeg je zout af in een hoeveelheid die het recept voorschrijft en je weet zeker dat je vlees niet te zout wordt.

De werking van zout

Zout zorgt in eerste instantie dat vocht aan het vlees wordt onttrokken. Het zout verspreidt zich langzaam tot de kern van het vlees. Ten gevolge van een ingewikkeld scheikundig proces worden eiwitten afgebroken waardoor tijdens de garing het vlees beter vocht kan vasthouden en het vlees lekker mals wordt. Ook smaak, geur en kleur hebben baat bij een (droog of nat) zoutbadje. Een ander effect is dat zout ongewenste bacteriegroei vertraagt, omdat dankzij de aanwezigheid van zout bacteriën nauwelijks meer 'voedsel' krijgen om zich te vermenigvuldigen. Vandaar dat vis en vlees van oudsher werden gezouten om ze langer houdbaar te maken.

Hoe ga je te werk?

- De hoeveelheid zout is afhankelijk van de grootte van het stuk varkensvlees. Een vuistregel is 40-60 gram op elke kilo vlees, afhankelijk van de gewenste zoutsmaak. Gebruik niet minder dan 40 gram vanwege kans op bederf.
- Elk zout is geschikt, ook goedkoop tafelzout. Maar nog beter is om je slager om pekelzout te vragen (kleurzout), een mengsel van (natrium) nitriet en keukenzout. Voordeel van pekelzout is dat het een mooiere lichtroze kleur geeft aan je varkensvlees. Verkoop van nitriet aan particulieren is in veel landen verboden, omdat het giftig is in grote hoeveelheden. Het samenstellen gebeurt niet door de slager zelf, maar industrieel. De hoeveelheid toegestane nitriet is aan strenge

DE TECHNIEK
Pekelen, drogen en roken

wettelijke regels gebonden (maximaal 0,6% natriumnitriet).
- Voeg desgewenst smaakmakers toe aan je zout. Bijvoorbeeld venkelzaad, laurierblad, zwarte peperkorrels, korianderzaad, knoflook, rozemarijn, tijm of droge rode pepers. Kneus de kruiden en specerijen in de vijzel en voeg het zout toe. Gekneusde (of versgemalen) specerijen geven meer smaak af.
- Wrijf het vlees rondom stevig in met de zout-kruidenmix, ook in de holtes. Het vlees moet goed koel zijn, maximaal 2 °C.
- Het beste is om het ingezouten vlees in een plastic zak vacuüm te verpakken, zodat er geen zuurstof bij kan komen. Hoe minder zuurstof, hoe minder kans op besmetting van buitenaf. Vraag het je slager als je zelf geen vacumeermachine hebt. Een alternatief is om het gezouten vlees strak te verpakken in een plastic diepvrieszak of te wikkelen in een schone theedoek. Je kunt ook een bak of schaal (glas, hout, kunststof, aardewerk; geen rvs of metaal) nemen waar het vlees precies inpast (leg het vlees eventueel op een rooster in de schaal) en deze afdekken met folie. Bij deze niet-vacuüm methoden is iets meer zuurstof in het spel, maar is de kans op ongewenste bacteriegroei niet erg groot.
- Zet weg in de koelkast. Leg er iets zwaars op (bijvoorbeeld een fles) en draai het vlees om de dag om zodat de zout-kruidenmix gelijkmatig intrekt.
- Het is de bedoeling dat het (pekel)zout tot de kern van het vlees doordringt voor het optimale resultaat. Voor platte stukken vlees zoals buikspek is de vuistregel: een centimeter pekeldoordringing per dag. Dus een stuk varkensvlees van 5 cm tot de kern moet 5 dagen rijpen. Bij ronde, dikkere delen, zoals ham, is de richtlijn 1 dag pekelen per 400 gram vlees. Je kunt het ook korter doen maar dan bereikt het zout niet de kern. Dit heet lichtzouten en geeft wel extra smaak en malsheid

mee (eigenlijk een soort marineren), maar maakt het product niet beter houdbaar. Lichtzouten kun je doen als je het vlees meteen daarna gaart.
- Hierna is het drooggezouten vlees klaar voor verdere verwerking zoals bijvoorbeeld enkele maanden laten drogen (gedroogde rauwe ham) of roken (bacon). Of om te koken (gerookte ham) of te bakken.

Tip
Fijn zout wordt sneller door het vlees opgenomen dan grof zout. Voor een minder sterk zoutend effect kun je bij droogzouten in plaats van (fijner) tafelzout grof zeezout gebruiken. Grof zeezout bevat mineralen die niet in tafelzout zitten (zoals ijzer en zink) en is daarom in beginsel 'gezonder'.

Pekelbad
Ook wel 'natte pekel' genoemd. Pekel is water met een zoutoplossing. Je legt het vlees (kopje onder) in een bak of vat in de pekel. Zet het vlees enkele dagen of weken (afhankelijk van de grootte van het vlees) weg op een koele plek. Daarna droogdeppen en het vlees is klaar voor verdere verwerking. Voor extra smaak kun je - net als bij droog pekelen - ingrediënten aan het pekelbad toevoegen zoals kruidnagel, laurierblad, jeneverbes, knoflook of zwarte peperkorrels. Je kunt ook een kruidenboeket gebruiken met tijm en rozemarijn.

Voordeel van natpekelen is dat het sneller gaat dan droogzouten, omdat de pekel eerder tot de kern raakt. Stel dat droogzouten 10 dagen kost, dan bereik je met natpekelen een vergelijkbaar resultaat na circa acht dagen. Nadeel voor de thuispekelaar is dat al snel veel ruimte in de koeling nodig is, voor 1 kilo vlees heb je 2 liter pekel nodig (altijd verhouding 1:2). Bij natpekelen is er bovendien meer kans op bacteriegroei indien niet goed toegepast. Zo moet je altijd met schone handen het vlees uit de pekel halen. Gedurende het pekelproces verandert het

Met een salinometer meet je nauwkeurig het zoutgehalte van de pekel

DE TECHNIEK
Pekelen, drogen en roken

zoutgehalte. De pekel wordt lichter omdat enerzijds sappen die door het zout aan het vlees worden onttrokken in de pekel terechtkomen (en dus de pekel verdunnen), en anderzijds omdat het zout van de pekel in het vlees trekt. Door tussentijds toevoegen van zout wordt het zoutgehalte op peil gehouden. Let op: als het zoutgehalte onder de 15 Baumé komt (zie onder) kan de pekel onzuiver worden door bacteriegroei. Hoe hoger het zoutgehalte, hoe sneller het pekelproces. Het zoutgehalte meet je met een pekelmeter (salinometer). De sterkte van een pekeloplossing wordt uitgedrukt in Baumé (Bé). Dertien gram zout op 1 liter water geeft 1 Baumé pekelsterkte. Voor 2 liter pekel met een sterkte van 20 Baumé, heb je dus 2 x 20 x 13 = 520 gram zout nodig. Dit is de hoeveelheid zout die nodig is om 2 liter pekel met een sterkte van 20 Baumé te maken. Een gemiddelde pekelsterkte is 18 tot 20 Baumé (de maximale waarde is 25, dan is het water volledig verzadigd met zout). Na het natpekelen moet je het gepekelde vlees enkele minuten afspoelen met koud water (ontzouten). Daarna is het vlees gereed voor verdere verwerking zoals roken en/of drogen of koken. Een combinatie is legpekelen waarbij het vlees eerst wordt drooggezouten en daarna in een pekelbad gaat. Pekel kun je goed bewaren en hergebruiken als het zoutgehalte maar niet onder de 15 Baumé komt en koel wordt bewaard bij een temperatuur van 2-4 °C. Vroeger werd er wel gewerkt met pekel van 35 tot soms 70 jaar oud. Zulke pekel, die geldt als een gekoesterde schat, geeft het vlees een unieke karakteristieke extra smaak.

De les van dit alles? Tip één: zorg altijd dat het vlees geheel onder de pekel verdwijnt. Anders heb je het risico van bacteriegroei op de uitstekende delen. Gebruik desnoods een gewicht om zeker te zijn dat het vlees onder de pekel blijft. De pekelsterkte mag niet lager zijn dan 15 Baumé. Sluit af met een deksel, doek of plank en zet weg op een koele plek (2-4 °C). Tip twee: nadeel van natpekelen is dat het vlees en kookvocht (te) zout smaakt. Dit is te ondervangen door suiker aan de pekel toe te voegen.

Geïnjecteerde tosti-ham

Met industrieham wordt veel gerommeld. Goedkope 'tosti-ham' is niets meer dan aan elkaar geplakt restvlees (van bijvoorbeeld de schouder) dat nauwelijks de naam ham verdient. Bij fabrieksham wordt het vlees met een injectienaald ingespoten met pekel (zoutoplossing) met daarin kunstmatige smaak-, kleur- en bindingsstoffen. Door dit injecteren neemt het gewicht toe, tot wel 40-50%. Vervolgens wordt de fabrieksham in een tumbler gedaan, een soort trommel waarin de ham wordt gemasseerd. Door deze behandeling wordt het gewichtsverlies dat normaal gesproken optreedt tijdens het koken van de ham beperkt. Per saldo is de behandelde ham – dankzij de toevoeging van geïnjecteerde pekel – tot wel anderhalf keer zo zwaar als de oorspronkelijke ham. Goedkoop voor de fabrikant, maar onvoordelig voor de consument die extra betaalt voor een waterige ham. Je ziet dit terug op het etiket. Op je pakje goedkope supermarktham staat dan bijvoorbeeld: 83% vlees, 17% water.

Injectiepekel is niet per definitie slecht. Het is een snelle methode (sneller dan natte pekel) om smaak toe te voegen en het geeft een mooie roze kleur aan het vlees. Daarom doen ook ambachtelijke slagers aan injectiepekelen. Maar altijd met mate (circa 15% pekel) en met de bedoeling om extra smaak te geven in plaats van het gewicht kunstmatig te verhogen. Serieuze hammenmakers laten bindmiddelen en tumblers om vochtverlies te beperken achterwege. Van een ambachtelijk gemaakte ham resteert na een injectiepekelbehandeling nog maar 95% van het oorspronkelijke gewicht. Een groot verschil met kunstmatig opgepompte industrieham.

DE TECHNIEK
Pekelen, drogen en roken

Marineren

Net als pekelen is marineren een methode om varkensvlees malser en smakelijker te maken. Ook bij marineren (nat of droog) wordt de houdbaarheid verlengd, hoewel minder lang dan bij pekelen (marineren duurt ook korter). Het zout en/of zuur trekt in het vlees waardoor bindweefsel wordt afgebroken en het vlees malser wordt en meer smaak krijgt. Let wel op de gebruikte hoeveelheid marinade. Je wilt niet dat de marinade de smaak van je varkensvlees gaat overheersen. Je kunt verschillende ingrediënten gebruiken (met richtlijnen voor hoeveelheden per kilo vlees). Zeezout, keukenzout of nitriet/pekelzout (15 tot 20 gram); olijfolie (1 dl); witte/rode wijn/sherry of azijn (0,2 dl); rietsuiker/basterdsuiker/honing (5–10 gram). Hoe langer je marineert (van enkele uren tot meerdere dagen), hoe lekkerder je vlees.

Drogen

Na droogzouten of natpekelen volgt altijd drogen. Ook ongepekeld vlees leent zich prima voor drogen (denk aan rauwe metworst). Drogen heet ook wel 'drogen aan de lucht'. De truc van goed drogen is dat er voldoende luchtcirculatie is. Een lekker nauwelijks voelbaar briesje is ideaal. Drogen verlengt de houdbaarheid van voedsel. Door het vlees weg te hangen kan de lucht erlangs en wordt vocht afgevoerd. Ongewenste bacteriën en schimmels krijgen daardoor geen kans. Tijdens het drogen verliest het vlees vocht en krijg je meer smaak. Bij een zelfgemaakt boerenmetworstje kan dit zo'n 25% vochtverlies zijn voor het verkrijgen van een lekkere smaakvolle bite.

Hoe ga je te werk?

- Dep het vlees (bijvoorbeeld verse worst of ham) eerst goed droog met keukenpapier of een doek.
- Hang het vlees aan een slagershaak of touw en hang het op een goede droogplek.
- Een goede droogplek is vrij van vocht, heeft een goede ventilatie (beetje tocht is goed), is niet direct in het zonlicht (beetje schemerig is prima) en is een ruimte met een redelijk constante temperatuur. Het kan eigenlijk bijna overal in huis, zolang de worst maar 'vrij hangt', los van de muur. In de gangkast, kelderkast of elektrakast. De optimale droogtemperatuur is 15–20 °C. Door een gelijkmatige luchtcirculatie ontstaat tijdens het drogen een gelijkmatige kleur. Van te koud drogen krijgt het vlees een te grauwe kleur. Te warm drogen (> 26 °C) geeft problemen als het daarna gerookt wordt, omdat dan rook minder goed blijft 'plakken'.
- Een zelfgedraaid vers boerenmetworstje is na 2-3 dagen al lekker, maar langer drogen (tot een week) kan ook. Het vel moet een beetje perkamentachtig aanvoelen. De worst is vanbinnen nog zacht, maar met een lichte bite. De gevorderde droogworstenmaker gaat een stap verder (niet geschikt voor debutanten) en maakt een salami, chorizo of fuet-worstje met rijp- en droogtijden die variëren van enkele dagen tot een maand onder gecontroleerde omstandigheden (o.a. met afbouwende relatieve luchtvochtigheid). De hoogste kwaliteit Ibérico of Parmaham wordt 36 maanden gedroogd in speciale kelders met een ideaal microklimaat.

Tip

Vermijd te allen tijde contact met vocht waardoor het vlees kan gaan schimmelen. Een beetje luchtvochtigheid is overigens geen probleem.

Koud roken doe je bij een temperatuur tot 30 °C

DE TECHNIEK
Pekelen, drogen en roken

Roken

Roken draagt – net als pekelen en drogen aan de lucht – bij aan een langere houdbaarheid. Roken onttrekt vocht aan het vlees waardoor bacteriën geen kans krijgen. Maar het geeft vlees ook een lekkere (rook)smaak, geur en kleur. Roken doe je in een rookkast (of rookton), die in allerlei maten (van 90 cm tot 2 meter hoogte) en prijzen (van 90 euro tot 1.000 euro) te koop zijn bij gespecialiseerde (online) winkels. De kast moet groot genoeg zijn om de wolken aromatische rook rond het vlees te laten circuleren. Je kunt er natuurlijk ook zelf een maken van een oude oliedrum (check internet voor de meest vernuftige doe-het-zelf-bouw-rookoventjes). Je kunt ook roken op een fornuis met een eenvoudige tafelmodelrookoven (een soort braadslee met rooster). Het principe is ongeacht het gebruikte materiaal hetzelfde: je laat houtmot (heel fijn zaagsel) of grover houtzaagsel langzaam smeulen in een aslade. De lade zet je in een afgesloten ruimte waarin de rook gaat circuleren. Met regelbare luchtgaten kun je de temperatuur, rookafvoer en rookdichtheid controleren. Beuken- en eikenhout worden veel gebruikt. Je kunt het houtmengsel ook mengen met smaakmakers van ander hout zoals van wijnranken, appelboom of kastanje. Sommige rookkasten hebben een waterbak. Het water voegt vocht toe, maar is ook een buffer tussen hittebron en het te roken vlees waardoor de temperatuur laag blijft. Je kunt extra smaak meegeven door het water te vervangen door bouillon, bier of andere vloeistof.

Koud roken

Bij zogenoemd koud roken blijft de temperatuur laag (onder de 25-30 °C), het vuur smeult meer dan dat het brandt, de hitte bereikt het voedsel niet. De hittebron is ver verwijderd van het voedsel (middels een hoge schacht of schoorsteen) of bevindt zich in een aparte rookkamer. Indien het vlees wordt gebruikt voor verse of droge worst mag de temperatuur van de rookruimte niet boven de 25 °C uitkomen. Het vet in de worst moet namelijk niet garen of smelten voordat het verder wordt bewerkt. Bij koud roken wordt de buitenkant nauwelijks steviger waardoor de rooksmaak makkelijk binnen in het vlees doordringt. Koud roken is vrij lastig omdat de temperatuur niet te hoog mag oplopen. Te hard roken is niet raadzaam. Je vlees smaakt dan naar een asbak.

Warm roken

Bij warm en heet roken is de rook warmer, vanaf zo'n 30 °C oplopend tot 80 °C en meer. Dit is vooral geschikt voor vers vlees in plaats van worsten, hammen of andere charcuterie die je bij voorkeur koud rookt (soms meerdere keren). Het vlees gaart en krijgt tegelijkertijd een rooksmaak. Van warm roken is sprake bij een temperatuur tussen 30 en 45 °C, heet roken bij een temperatuur van 50-120 °C. Nog steeds vrij laag vergeleken met een oven. Daarom is warm/heet roken een soort slow cooking op lage temperatuur. Spareribs hebben al snel 4-5 uur nodig, een varkensschouder van enkele kilo's al snel twaalf uur. Het vlees moet bij voorkeur eerst gepekeld zijn en altijd goed gedroogd voor het wordt gerookt (anders pakt de rook niet goed).

Rookpan

Een rookoventje of rookpan voor op het fornuis is kleiner en werkt sneller omdat het heel snel een hoge temperatuur bereikt (door vrij direct contact met de hittebron). Een (gepekelde) karbonade in een rookoven op het fornuis ontwikkelt al na tien minuten een rooksmaak. Even afbakken in de grillpan (niet te lang; het vlees is al een beetje gegaard) en je hebt lekkere gerookte karbonade.

DE TECHNIEK
Pekelen, drogen en roken

Hoe ga je te werk?

- Dep het (gepekelde en/of gegaarde) vlees eerst goed droog met keukenpapier of een doek (anders hecht de rook niet goed). Laat het vlees eventueel eerst 1-2 uur 'voordrogen'.
- Maak de rookoven aan: steek het zaagsel in de oven aan en wacht tot er een constante gelijkmatige hoeveelheid rook wordt geproduceerd. Reguleer met de controleerbare schuiven van de luchtgaten de temperatuur en rookdichtheid. Experimenteer zelf welke houtsoorten welke smaken geven. Beukenhout is een veilige start.
- Controleer de temperatuur (met een oventhermometer) en stel de rookoven indien nodig bij, om er zeker van te zijn dat hij blijft branden. Hoe compacter het zaagsel, hoe trager het branden. Goed zaagsel (hardhout als eiken heeft de voorkeur) smeult uren achtereen en geeft een gestage rookzuil.
- De rooktijd is vooral een kwestie van trial and error. Kijk onder andere naar de kleur. De rookkleuropname is afhankelijk van de temperatuur, rookdichtheid en – indien van toepassing – darmsoort. Bij een lagere temperatuur (20–25 °C) duurt het kleuren langer. Een gelijkmatige luchtcirculatie zorgt voor een gelijkmatiger kleur. Vettere speksoorten (zoals buikspek) kun je het best koud roken om vetuittreding te voorkomen.
- Leg het vlees vervolgens tot 24 uur in de koelkast om de rooksmaak volledig in te laten trekken. Eerst langzaam af laten koelen en wikkelen in plastic om te voorkomen dat de hele koelkast naar rook gaat ruiken.

Hoe herken ik echte rookworst?

Veel kant-en-klare producten zijn niet echt gerookt maar bewerkt met rookaroma, dat bestaat uit gecondenseerde en gezuiverde rook. Neprook dus. Dat geldt ook voor de verpakte gekookte rookworst uit de supermarkt. De echte gerookte rookworst is in een rookkast boven houtsnippers gerookt en herkenbaar aan een ingedroogde druppel aan het uiteinde van de worst, de zogenoemde 'Gelderse Drup'.

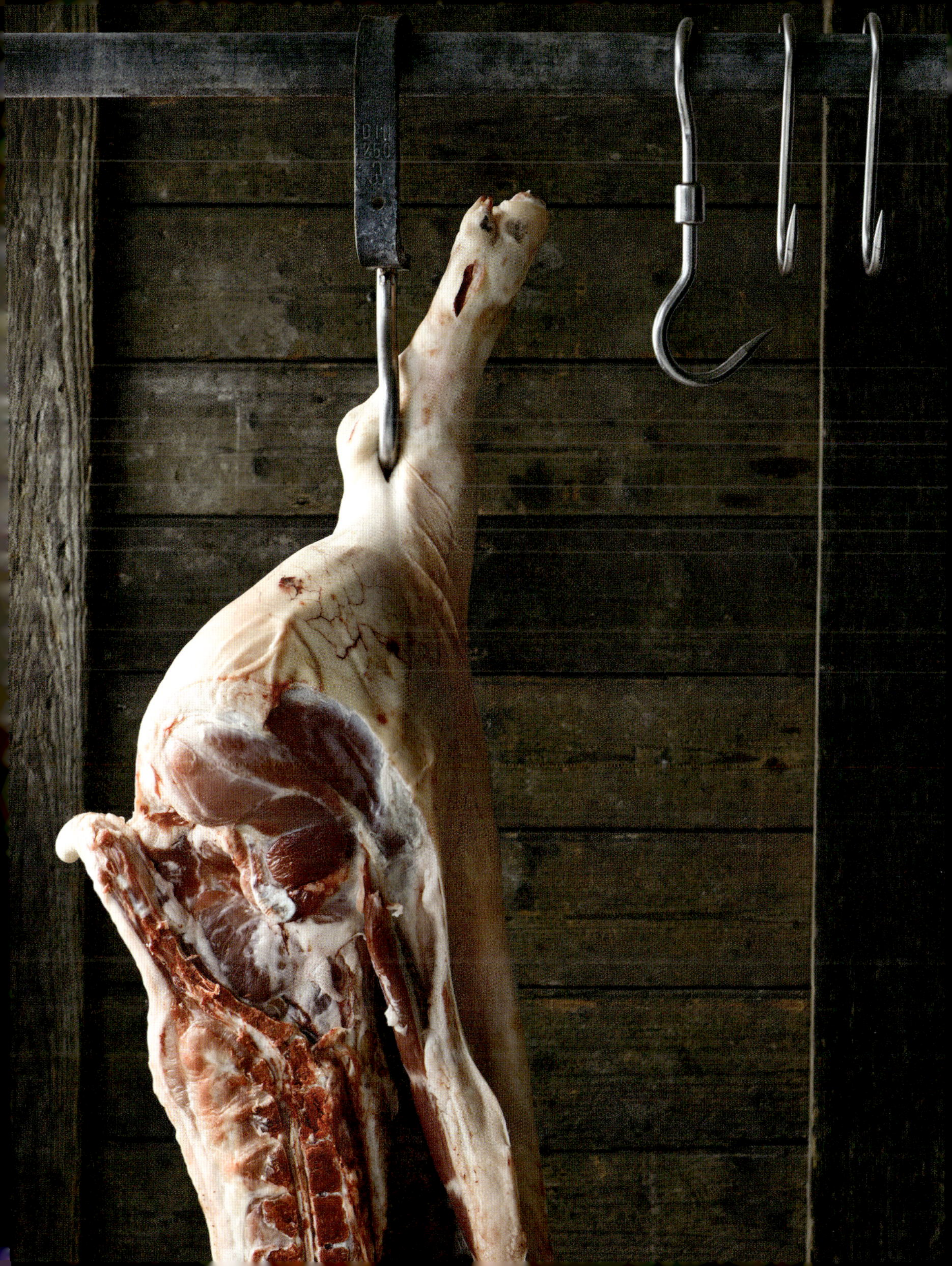

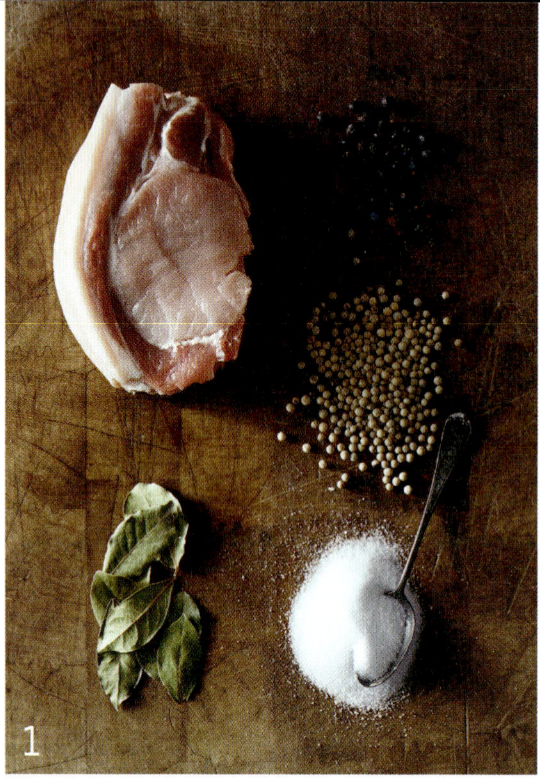
1

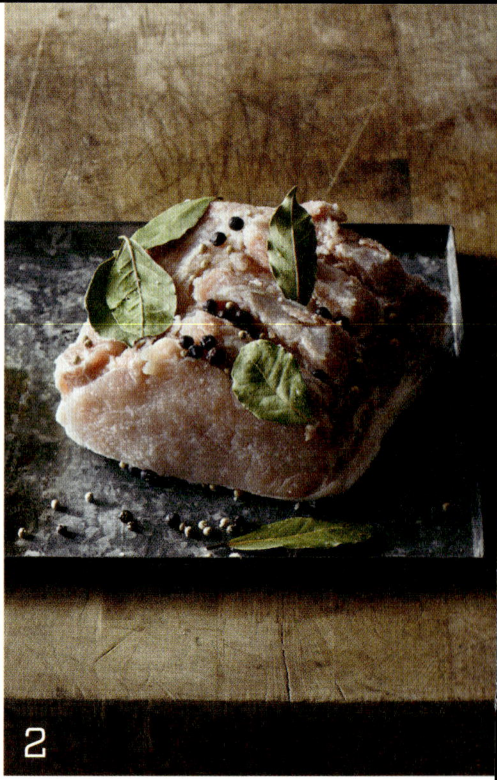
2

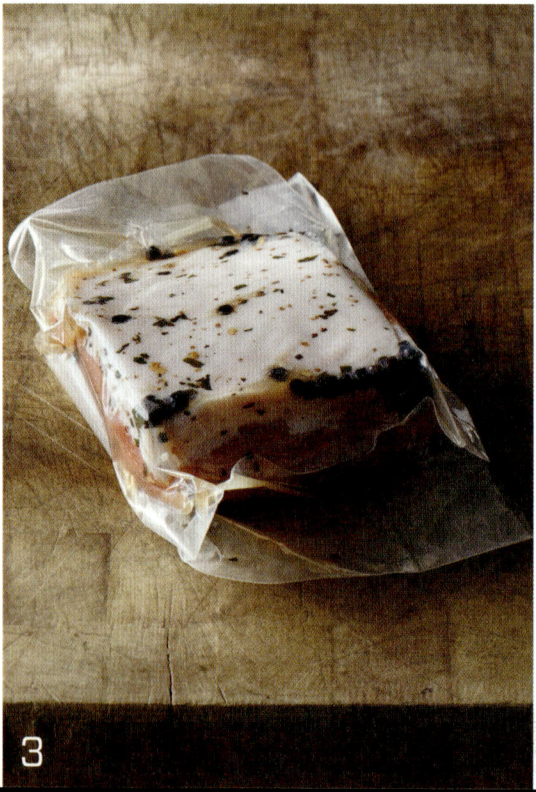
3

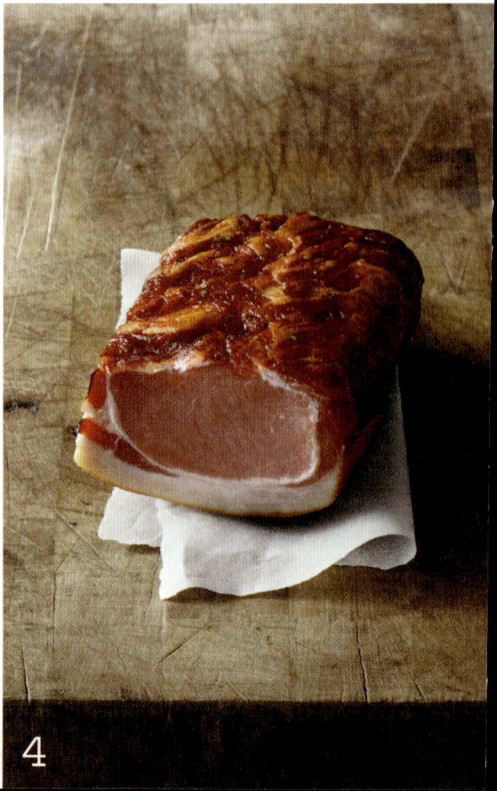
4

DE TECHNIEK
Zó maak je bacon

81

Bacon, afkomstig van de ribkarbonade (en niet van de buik zoals vaak wordt gedacht), is eenvoudig zelf te maken. Droogzouten, wegzetten, drogen en nog even koud roken. Lekker als borrelhapje in grove blokjes of plakjes gesneden of voor een superieur ontbijtje met homemade bacon and eggs.

1 *kopen*
Koop een mooi stuk varkensribstuk bij je slager (zonder bot, zwoerd optioneel). Het mag niet te klein zijn omdat er dan te snel uitdroging optreedt, 1-3 kilo is een goed gewicht.

2 *voordrogen*
Dep het vlees droog en hang het op een koele plek te drogen. Bij voorkeur in een ruimte waar wat tocht is. Een tot twee uur is voldoende.

3 *zoutmix*
Weeg zout af. Een vuistregel is 40-60 gram op elke kilo vlees, afhankelijk van de gewenste zoutsmaak. Je kunt gewoon tafelzout, zeezout of speciaal pekelzout (vraag ernaar bij je slager) nemen. Met pekelzout kleurt het vlees mooi rosé. Voeg smaakmakers toe aan je zout: 10 peperkorrels, 5 laurierblaadjes, 5 jeneverbessen. Kneus de kruiden en specerijen in een vijzel en voeg het zout toe.

4 *zouten*
Wrijf het vlees (en het zwoerd indien aanwezig) stevig in met de zoutmix, ook in de holtes. Het vlees moet goed koel zijn, maximaal 2 °C.

5 *verpakken*
Verpak het ingezouten vlees bij voorkeur vacuüm in een plastic zak. Vraag het je slager als je zelf geen vacumeermachine hebt. Een alternatief is om het gezouten vlees strak te verpakken in een plastic diepvrieszak of te wikkelen in een schone theedoek. Je kunt ook een bak of schaal (glas, hout, kunststof, aardewerk; geen rvs of metaal) nemen waar het vlees precies inpast en afdekken met folie. Ook bij deze methode is de kans op ongewenste bacteriën minimaal.

6 *wegzetten*
Zet weg in de koelkast. Leg er iets zwaars op (bijvoorbeeld een fles) zodat de zoutmix goed intrekt. Draai elke dag het vlees om zodat het zout gelijkmatig intrekt. De totale inlegtijd is ook afhankelijk van je eigen smaak. Het is de bedoeling dat het (pekel)zout tot de kern van het vlees doordringt voor het optimale resultaat. Vuistregel is hier: elke centimeter dat de pekel vanbuiten naar binnen doordringt tot de kern kost 1 dag, en dit maal een factor 2. Dus een stuk varkensvlees van 10 cm doorsnede (kortste kant) moet 10 dagen rijpen.

7 *roken*
Laat het vlees minimaal 8 uur koud roken in een rookkamer/rookoven. De temperatuur in de rookkamer/oven mag niet boven de circa 30 °C komen. Heb je geen rookoven? Vraag of je je bacon bij je slager in zijn rookkast mag hangen of wijk uit naar een vriend met een koudrookfaciliteit. Na het roken kun je de bacon meteen eten. Als je de bacon nog 24 uur (afgedekt) in de koelkast zet, trekt de rooksmaak er nog beter in. Dit smakelijke 'spek' kun je, gewikkeld in een theedoek om uitdrogen te voorkomen, zeker 3 maanden goed houden.

het PERFECTE VARKEN

Charcuterie voor thuis

· 84 ·
Lessen van de meester

· 88 ·
Paté de campagne

· 90 ·
Rillettes van varken

· 92 ·
Gedroogde zachte metworst

· 94 ·
Verse braadworst

· 96 ·
Balkenbrij

· 98 ·
Boudin noir

· 100 ·
Wereldhammen

· 102 ·
Zó snijd je Ibéricoham

· 104 ·
Reportage: De ziel van Ibérico

Lessen van de meester

Johan van Uden

Het varken is bij uitstek geschikt om van snuit tot staart te verwerken. Met goedkope, zogenaamde incourante delen, tover je thuis de fijnste charcuterie op tafel. Denk aan patés, worsten of originele rillettes. Meervoudig winnaar van de Gouden Slagersring Johan van Uden van slagerij Chateaubriand geeft zijn beste basisrecepten – zoals hij die ooit leerde tijdens zijn opleidingen in België en Frankrijk en die hij later perfectioneerde.

Voor je van start gaat is het verstandig een paar basics over het doe-het-zelf-charcuterieën tot je te nemen. Allereerst de keuze voor het gereedschap. Een vleesmolen is een handige aanschaf. Vanaf dertig euro koop je een klein exemplaar bij de betere kookwinkel. De molen wordt standaard geleverd met een zogenoemde plaat, een ronde stalen schijf met gaatjes waardoor het gemalen vlees wordt geperst. Deze plaat, variërend van 2 mm (zeer fijn) tot 12 mm (zeer grof), plaats je in de vleesmolen. Als een recept rept over een grove plaat, kun je uitgaan van 8 of 10 mm (dit zijn gestandaardiseerde maten), een fijne is 3 of 4 mm.

Vuller
De vleesmolen is ook te gebruiken om je worst te vullen. Plaats een worstvulpijpje (kunststof of metaal) op de molen en je hebt een worstvuller. Op dit pijpje (een soort trechter van 10-15 cm lang) schuif je de darm waarna je de vleesvulling door de molen in de darm perst. Afhankelijk van de gewenste dikte van je worst gebruik je een dikkere of dunnere worstvuller. Deze zijn los of in setjes voor enkele euro's te koop bij de betere kookwinkel of online webshop. Geen zin in de aanschaf van een vleesmolen? Er zijn alternatieven. Met een foodprocessor (zoals die van Magimix) kun je met het roterende mes het vlees op de gewenste grofheid malen. Gebruik enkele malen de pulseknop. Niet te lang malen, anders maal je het vlees al snel tot moes. Vullen kun je in plaats van met een handvleesmolen - met vuller - ook doen met een handvullertje (een soort losse trechter) waar je de darm overheen schuift en het gehakte vlees met de hand doorheen duwt. Niet erg handig bij grote worstproducties, maar het proberen waard voor de beginner. Een ander alternatief is de aanschaf van een vleesmaal-hulpstuk dat je plaatst op keukenmachines met een staande mixer (zoals die van KitchenAid). Zo'n opzetstuk is prijzig (circa 150 euro, inclusief 2 maalschijven), maar heeft als voordeel dat het vlees snel en zonder krachtinspanning wordt gemalen. Bovendien kun je met een worstvulopzetstuk de worst makkelijk en snel vullen. De profs gebruiken een elektrische worstpers die in no time meters worst uitspuugt.

Natuurdarm
De beginnend thuischarcutier doet er goed aan om de banden met zijn slager aan te halen. Bij de recepten in dit hoofdstuk kom je ingrediënten tegen die hij niet altijd standaard in zijn vitrine zal hebben liggen. Maar bevraag hem gerust, hij zal het waarderen. Voor het maken van worst is een mooie natuurdarm onontbeerlijk. De opgestroopte darmen (op een tube/plastic strookje) worden doorgaans per zogenoemde *hank* (91,3 meter met meerdere strookjes opgerolde darm) geleverd. Een tikje veel voor de particulier, dus vraag je slager voor wat minder metrage (1 hank kost pakweg 20 euro). De darmen worden geconserveerd door ze te zouten in water en zijn daardoor zeer lang houdbaar. Je kunt ze ook bewaren in de vriezer en bij gebruik ontdooien. Wel goed spoelen onder stromend water voor gebruik. Er zijn verschillende diktes. Veelgebruikt is kaliber 32/35. De uiteindelijke worst heeft dan een diameter van circa 3,2-3,5 cm. Je kunt darmen ook online bestellen. Ook een

crépinette (ofwel varkensnet) is een gewaardeerd incourant deel van het varken. Het is het schoongemaakte en geweekte vlies dat de organen van het varken vasthoudt. Je gebruikt het onder andere voor een klassieke paté, maar is ook geschikt om een hamburger van varkensgehakt bij elkaar te houden. Een crépinette is elastisch en houdt het vlees bij elkaar. Vanwege het vet draagt het bovendien bij aan de sappigheid van bijvoorbeeld je paté (en het staat mooi). De gevorderde charcutier bestelt in een moeite door een varkenskop of wat bevroren varkensbloed (voor de balkenbrij en *boudin noir*). Voor al deze genoemde varkensdelen geldt: het zijn goedkope ingrediënten waar je – met een beetje kennis – verbluffend lekkere dingen mee kunt maken.

Nitrietzout

Zout is onmisbaar voor de smaak. Maar het ene zout is het andere niet. In plaats van gewoon zout is het aan te raden om bij bepaalde bereidingen nitrietpekelzout te gebruiken. Nitrietpekelzout (ook wel kleurzout of nitrietzout genoemd) is een mengsel van zout en nitriet. Nitriet is om twee redenen belangrijk: het voorkomt ongewenste bacteriegroei waardoor vlees langer houdbaar wordt. Dit is van belang bij het maken van bijvoorbeeld worst of paté. Daarnaast geeft nitrietzout een mooie roze kleur aan het vlees bij verdere verwerking (koken, pekelen of drogen). Het gebruik van nitriet is aan strenge regels gebonden omdat het in grote hoeveelheden schadelijk (zelfs dodelijk) kan zijn. Nitrietzout mag wettelijk maximaal 0,6% nitriet bevatten. Ofwel: maximaal 6 gram nitriet op 1 kilo keukenzout. Ook hiervoor geldt: vraag erom bij je slager.

Schoon werken

Voor het werken met rauw vlees geldt – zoals al het werk in de keuken – dat je veilig (lees: schoon) moet werken om vervelende bacteriën geen kans te geven. Met een beetje oplettendheid is dat trouwens geen enkel probleem. Bij het bakken van een verse worst of een paté sneuvelen bacteriën sowieso door verhitting. Maar was je handen altijd grondig en verzeker je ervan dat je werkblad en materiaal (zoals vleesmolen, snijplank en messen) schoon zijn voor gebruik. Ook koel werken hoort erbij. Voor het maken van goede gedroogde of verse worst mag de temperatuur tijdens het verwerken en malen van het vlees niet te warm zijn. Indien te veel warmte tijdens het proces vrijkomt krijg je geen goede worst, omdat tijdens het malen of mengen het vlees zogenoemd 'versmeert'. Doordat het vet smelt door vrijgekomen wrijvingswarmte verliest je molen grip waardoor er geen vlees meer uitkomt. Er moeten mooie slierten uit alle gaten van de molen komen. Als de temperatuur van je vleesmengsel te hoog wordt (bij varkensvlees boven de pakweg 16 °C) neemt bovendien de kans toe dat het vlees-vetmengsel instabiel wordt (soort schiften). Ook bij het mengen van ingrediënten komt wrijvingswarmte vrij. Dus werk met goed gekoeld vlees en zelfs met gekoeld materiaal. Leg de vleesmolen (inclusief platen en afvulopzetstukken) eerst 1-2 uur in de vriezer zodat het materiaal goed gekoeld is. Als je vlees even niet gebruikt, terugleggen in de koelkast.

Ook de manier van mengen is van belang. Mengen zorgt ervoor dat proteïnen in het vlees loskomen en aan elkaar klitten. Je voelt dit aan de plakkerigheid van de vleesbal. Hoe meer je kneedt, hoe plakkeriger de vleesbal wordt. En dat is belangrijk voor een homogeen en sappig resultaat. Je kunt best enkele minuten kneden (maar niet te lang anders ontstaat er te veel wrijvingswarmte). Voor het testen of je worst- of patémengsel (ook wel 'deeg' genoemd) goed op smaak is, kun je een klein plat stukje even kort aanbakken in de pan en proeven. Of een rauw stukje in de mond nemen.

Gouden Slagersring

Geen branche die zo veel prijzen aan zichzelf uitdeelt als slagers. Maar er is één prijs die er echt toe doet in slagerskringen: de Gouden Slagersring. Deze wordt (sinds 1953) elk jaar uitgereikt aan een slager die het meest vernieuwende product bedenkt. De winnaar wordt opgenomen in de broederschap van de Gouden Slagersring. Ook de uitvinder van de slavink behoort tot dit illustere gezelschap. Johan van Uden (slagerij Chateaubriand in Heemstede) is de jongste slager die deze ring ooit won. Hij won hem zelfs twee keer (vaker winnen kan niet volgens de reglementen); met een tapenade van Scotch Beef (2007) en een crème brûlée van kalfslever (2009). De recepten op de volgende pagina's zijn onder zijn supervisie getest en goed bevonden.

VOORBEREIDING: 45 MINUTEN
BEREIDING: 2 UUR
KOELEN: MINIMAAL 8 UUR

BOODSCHAPPEN
(VOOR 2 MIDDELGROTE PATÉS, CIRCA 850 GRAM ELK)

600 gram kinnebakspek
200 gram bardeerspek
375 gram mager varkensvlees
500 gram varkenslever
1/2 bosje krulpeterselie
2 eieren
150 gram uienkonfijt

KRUIDEN:
18 gram nitrietzout (of gewoon zout)
3 gram witte peper, gemalen
1,5 gram foelie, gemalen
1 gram gember, gemalen
1 gram koriander, gemalen
0,5 gram kruidnagel, gemalen
0,5 gram majoraan, gemalen
0,5 gram piment, gemalen
3 gram speculaaskruiden

OOK NODIG:
crépinette
cake- of patévorm (langwerpig)
vleesmolen (of keukenmachine)
fijne plaat (4 mm)
grove plaat (8 mm)

CHARCUTERIE VOOR THUIS
Paté de campagne

Paté de campagne, een grove boerenpaté, is een van de mooiste vormen om 'restvlees' te verwerken. Met een crépinette en reepjes bardeerspek maak je 'm helemaal af zoals het hoort.

1 *vlees*
Bestel bij de slager het kinnebakspek, de crépinette (varkensnet) en het bardeerspek (dit is rugspek, te gebruiken als garnering en als bekleding van de patévorm). De crépinette houdt tijdens het garen de paté goed in vorm. Week de crépinette eerst een half uurtje in lauw water om hem soepel te maken. Kies voor varkensschouder (mager).

2 *malen*
Snijd het spek, het vlees en de lever in grove stukken. Maal in de vleesmolen eerst het kinnebakspek op de fijne plaat (4 mm) - je wilt fijngemalen spek. Maal op de grove plaat (8 mm) de lever en het vlees. Eerst de lever (je krijgt leverrestanten beter uit de molen als je daarna vlees maalt). Geen vleesmolen? Kies voor een alternatieve maalmethode met een keukenmachine.

3 *mengen*
Meng met de hand het fijngemalen spek en grofgemalen lever en vlees met de overige ingrediënten in een kom tot zogenoemd patédeeg.

4 *spek*
Verwarm de oven voor op 140 °C. Bekleed de bodem en wanden van de patévorm met het bardeerspek. Trucje: zet de vorm eerst ondersteboven op het spek om de uitsnede te bepalen. Het spek mag 2-3 centimeter onder de rand van de patévorm blijven. Snijd in de hoeken het spek passend zodat er nergens spek op elkaar ligt.

5 *garneren*
Stort het patédeeg in de vorm. Klop het aan om een mooi egaal deeg te krijgen zonder luchtbelletjes. Snijd van het resterende bardeerspek reepjes van circa ½ cm. Leg de spekreepjes zorgvuldig in een ruitpatroon over de paté en druk ze lichtjes aan. Stop de uiteinden van de spekreepjes voorzichtig tussen de wand en het patédeeg. Drapeer de crépinette over het deeg en de stop de uiteinden rondom tussen het deeg en de wand in (alsof je een laken instopt). Druk lichtjes aan.

6 *afbakken*
Bak de paté in circa 2 uur gaar in de warme oven (zet een lekbak onder het rooster) tot de paté gaar is (kerntemperatuur minimaal 70 °C). Laat de paté afkoelen buiten de koelkast. Zet de afgekoelde paté minimaal 8 uur in de koelkast. Je kunt hem minimaal vijf dagen in de koelkast bewaren (of 3 maanden indien je de paté invriest).

VOORBEREIDING: 10 MINUTEN
BEREIDING: 3 UUR
KOELEN: MINIMAAL 8 UUR

BOODSCHAPPEN
(VOOR 1 KOM RILLETTES)

500 gram mager varkensvlees, in grove stukken
1,5 gram witte peper, gemalen
10 gram nitrietzout (of gewoon zout)
375 gram gesmolten reuzel (zie recept blz. 54)
0,5 gram foelie, gemalen
1 teentje verse knoflook
2 blaadjes laurier

CHARCUTERIE VOOR THUIS
Rillettes van varken

Een klassieke rillettes is veelal gemaakt van gans of konijn. Maar ook het varken leent zich er prima voor. Simpel zelf te maken. En fantastisch lekker op een geroosterd broodje.

1 *vlees*
Vraag de slager om varkensschouder, een mager stuk (de rillettes wordt al vet genoeg). Snijd het vlees in grove stukken. Wrijf deze in met peper en zout.

2 *malen*
Verhit de reuzel in een koekenpan (of sauteerpan). Voeg het vlees en de foelie, knoflook en laurier toe en laat het vlees op zeer laag vuur stoven. Het vlees moet bijna onder de reuzel staan. Laat het minimaal 2,5 uur garen tot het zacht is en makkelijk uit elkaar valt. Roer om het uur even om. Je kunt het vlees ook op lage temperatuur in een braadslee in de oven garen (140 °C, circa 3 uur).

3 *zeven en plukken*
Haal het vlees uit de pan (of braadslee). Scheid met een zeef het vlees en het stoofvet. Zet het stoofvet apart. Trek het vlees uit elkaar in draadjes (met de hand of gebruik twee vorken).

4 *mengen*
Voeg de helft van het stoofvet toe en meng het goed door het vlees. Verwarm het vlees-vetmengsel nog een keer 5 minuten in de pan op middelhoog vuur en roer goed door elkaar. Laat rustig afkoelen en roer alles nog een keer door elkaar. Lekker met een geroosterd broodje of op toast. Afgedekt in de koelkast minstens 1 maand houdbaar.

VOORBEREIDING: 45 MINUTEN
BEREIDING (DROGEN):
MINIMAAL 2 DAGEN

BOODSCHAPPEN
(VOOR CIRCA 10 WORSTEN)

500 gram kinnebakspek
2 kilo mager varkensvlees
2,5 meter varkensdarm, 32/35,
schoongemaakt
(circa 1 meter per kilo vlees)

KRUIDEN:
30 gram nitrietzout,
5 gram peper, gemalen
2,5 gram nootmuskaat, gemalen
2,5 gram kardemom, gemalen
2,5 gram koriander, gemalen
2,5 gram foelie, gemalen

OOK NODIG:
vleesmolen (of keukenmachine)
fijne plaat (4 mm)
grove plaat (8 mm)
afvultuit
slagerstouwtje

CHARCUTERIE VOOR THUIS
Gedroogde zachte metworst

93

Een worstje van gemalen varkensvlees dat je thuis enkele dagen laat drogen op een goede droogplek. Er zijn net zoveel varianten als er slagers zijn. Deze variant is lekker pittig en zacht vanbinnen.

1 *vlees*
Bestel bij de slager kinnebakspek (ook wel keelspek genoemd) – de meeste slagers hebben het niet op voorraad. Kies voor varkensschouder, een mager stuk. Snijd het vlees in grove stukken.

2 *malen en mengen*
Snijd het kinnebakspek in grove stukken. Maal ze in een vleesmolen op de fijne plaat (4 mm); je wilt fijn spek. Meng in een kom het fijngemalen kinnebakspek met het vlees en de kruiden en specerijen. Geen vleesmolen? Kies voor een alternatieve maalmethode met een keukenmachine (blz. 85).

3 *malen*
Maal het gekruide vleesmengsel in een vleesmolen met de grove plaat (8 mm) – of gebruik een alternatieve maalmethode. Meng in een kom alles goed met de hand door elkaar.

4 *afvullen en knopen*
Plaats de afvultuit op de vleesmolen (of gebruik indien je geen vleesmolen hebt een alternatief, zie kader). Maak de darm vochtig en schuif hem voorzichtig over de afvultuit. Knoop het uiteinde van de darm af (zodat het gemalen vlees er niet uit kan). Draai aan de vleesmolen, zodat het vlees eruit komt (eerst de lucht eruit laten komen) en in de darm wordt geduwd. Begeleid met je andere hand de vorm van de worst zodat het vlees gelijkmatig in de darm wordt geduwd. Knoop als je voldoende worst hebt de darm af. Knijp de darm – afhankelijk van de gewenste lengte van de worst – om de circa 20-25 centimeter af en draai de worst enkele keren om zijn as. Je krijgt nu een streng van worsten. Knip de worsten los van elkaar en maak in elke worst op beide uiteinden een knoopje met de darm. Maak de knoopjes aan elkaar met een slagerstouwtje zodat je een U-vormige ringworst krijgt.

5 *drogen*
Hang de worsten te drogen in een niet te warme omgeving, bijvoorbeeld de kelder. Na 2 dagen drogen kun je de worst al eten. Maar je kunt ook langer wachten (tot een week), tot de worst verder is gedroogd. De huid moet een beetje droog voelen, als perkament. De worst moet vanbinnen nog lekker zacht zijn.

6 *serveren*
Lekker bij de borrel met wat tafelzuur of zo uit het vuistje.

VOORBEREIDING: 45 MINUTEN
BEREIDING (DROGEN):
MINIMAAL 2 DAGEN

BOODSCHAPPEN
(VOOR CIRCA 20 WORSTJES,
125 GRAM PER WORST)

500 gram kinnebakspek
2 kilo mager varkensvlees
2,5 meter varkensdarm, 32/35,
schoongemaakt (circa 1 meter
per kilo vlees)

KRUIDEN:
30 gram nitrietzout
5 gram peper, gemalen
2,5 gram nootmuskaat, gemalen
2,5 gram kardemom , gemalen
2,5 gram koriander, gemalen
2,5 gram foelie, gemalen
30 gram boter

OOK NODIG:
vleesmolen (of keukenmachine)
fijne plaat (4 mm)
afvultuit

CHARCUTERIE VOOR THUIS
Verse braadworst

95

Wie thuis zijn eigen worsten draait kan helemaal los gaan met zijn eigen chef's mix van kruiden, specerijen en andere smaakmakers. Venkel, salie, knoflook … het kan allemaal. Dit basisrecept helpt de worstdebutant goed op weg.

1 vlees
Bestel bij de slager kinnebakspek (ook wel keelspek genoemd) – de meeste slagers hebben het niet op voorraad. Kies voor varkensschouder, een mager stuk. Snijd het vlees in grove stukken.

2 malen en mengen
Snijd het kinnebakspek en vet vlees in grove stukken. Maal met een vleesmolen op de fijne plaat (4 mm) het kinnebakspek en daarna het vlees. Geen vleesmolen? Kies voor een alternatieve maalmethode met een keukenmachine.

3 mengen
Voeg de kruiden en specerijen toe aan het gemalen vlees en het gemalen spek en meng alles in een kom goed met de hand door elkaar.

4 afvullen
Zet de afvultuit op de vleesmolen (of gebruik indien je geen vleesmolen hebt een alternatief, zie blz. 85, onder vuller). Maak de darm vochtig en schuif hem voorzichtig over de afvultuit. Knoop het uiteinde van de darm af (zodat het gemalen vlees er niet uit kan). Draai aan de vleesmolen, zodat het vlees eruit komt (eerst de lucht eruit laten komen) en in de darm wordt geduwd. Begeleid met je andere hand de vorm van de worst zodat het vlees gelijkmatig in de darm wordt geduwd. Knijp als je voldoende worst hebt de darm af.

5 knopen
Knijp de darm – afhankelijk van de gewenste lengte van de worst – om de circa 5 cm af en draai de worst enkele keren om zijn as. Je krijgt nu een streng van worstjes (knip ze desgewenst los).

6 bakken
Verhit in een koekenpan de boter op laag vuur tot het schuim begint weg te trekken. Braad de worstjes in circa 15 minuten zachtjes rondom bruin tot ze gaar vanbinnen en goudbruin vanbuiten zijn. Het is belangrijk de worstjes rustig op laag vuur langzaam te garen, anders is er kans dat ze openspringen.

Tip van de koks van het Amerikaanse *Cook's Illustrated* hoe een worst gelijkmatig te braden: leg de rauwe worst met de kromming naar boven op het werkblad. Druk de worst plat en steek recht door het midden een houten satéprikker. Bak de rechte worstjes gelijkmatig bruin in de koekenpan. Je kunt de worstjes ook vooraf 5 minuten pocheren in heet water en daarna (kort) bakken.

VOORBEREIDING: 5 UUR
KOELEN: 12 UUR
BEREIDING: MINIMAAL 10 MINUTEN

BOODSCHAPPEN
(VOOR: 5,5 KILO BALKENBRIJ)

1 varkenskop, voor 500 gram gegaard varkenskopvlees (alternatief: schouder)
500 gram varkenslever
500 gram rugspek
1 kilo boekweitmeel
2,5 liter bouillon (evt. blokjes)
70 gram nitrietzout
10 gram witte peper, gemalen
2,5 gram kaneel
5 gram kruidnagel, gemalen
2,5 gram majoraan
2,5 gram nootmuskaat, gemalen
5 gram piment, gemalen
25 gram uienpoeder
5 gram lavaswortel, gemalen
30 gram boter

OOK NODIG:
vleesmolen (of keukenmachine)
fijne plaat (4 mm)
grove plaat (8 mm)
kom of schaal

CHARCUTERIE VOOR THUIS
Balkenbrij

Oud-Hollandse balkenbrij komt in vele gedaanten. Meer of minder grof. Met of zonder rozijnen. En elke regio kent zijn kruidenmix. Dit basisrecept is met varkenskop, maar je kunt ook een eigen free-style variant maken met bijvoorbeeld schouder.

1 vlees
Bestel bij de slager een varkenskop, de varkenslever en het rugspek. Kook de varkenskop in een grote pan met kokend water in circa 4 uur gaar tot het vlees van het bot valt. Haal de kop uit de pan en pluk al het vlees eraf. Laat het kopvlees afkoelen.

2 malen
Maal in een vleesmolen met de fijne plaat (4 mm) de lever, het rugspek en het kopvlees. Wil je een grover resultaat gebruik dan een grove plaat (8 mm).

3 bouillon
Breng de bouillon zachtjes aan de kook. Voeg het gemalen vlees, de kruiden en specerijen toe en roer alles goed door elkaar.

4 binden
Voeg langzaam al roerend lepel voor lepel het boekweitmeel toe. Blijf roeren tot de deegmassa 'blubt' en loslaat van de bodem en de wand van de pan.

5 storten
Stort het deeg direct in een met koud water omgespoelde kom of schaal en sla het plat met de hand. Laat het deeg buiten de koelkast terugkoelen (circa 2 uur). Zet de kom minimaal 12 uur in de koelkast om op te stijven.

6 bakken
Snijd plakken van 1-2 cm dikte. Verhit de boter in de pan en bak de plakken balkenbrij aan beide zijden in circa 10 minuten bruin. Lekker op brood met gebakken appel.

WEKEN BROODKRUIM: 24 UUR
VOORBEREIDING: 45 MINUTEN
(+1,5 UUR AANVRIEZEN VLEES)
BEREIDING: 40 MINUTEN
(POCHEREN EN BAKKEN)

BOODSCHAPPEN
(VOOR CIRCA 20 WORSTJES, 125 GRAM PER WORST)

BROOD WEKEN:
150 gram bloed (bevroren)
kruim van 1 uitgehold brood (geen korst)
3 eieren

VOOR HET VLEESMENGSEL:
750 gram vetspek
500 gram mager varkensvlees, bijvoorbeeld varkensschouder
500 gram appel, geschild, in grove stukken
250 gram bloed (bevroren)

KRUIDEN:
20 gram keukenzout
30 gram bruine suiker
10 gram witte suiker
2 gram kaneel, gemalen
4 gram witte peper, gemalen
2 gram foelie, gemalen
2 gram piment, gemalen
2 gram majoraan, gemalen
1 gram koriander, gemalen
30 gram boter

OOK NODIG:
keukenmachine, vleesmolen, fijne plaat (4 mm), grove plaat (8 mm), kom of schaal

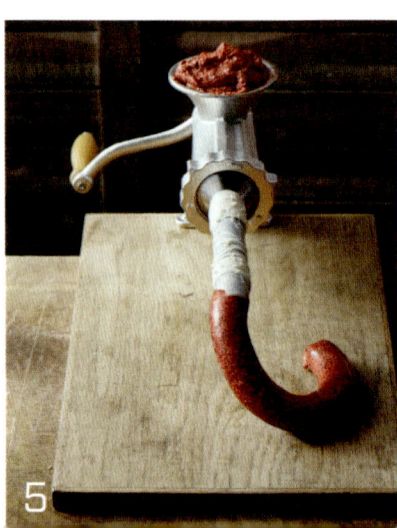

CHARCUTERIE VOOR THUIS
Boudin noir

Voor de gevorderde thuiskok die niet meteen flauwvalt bij het aanzicht van een drupje varkensbloed. Bijgaand het basisrecept voor een klassieke bloedworst op z'n Frans ofwel: boudin noir.

1 *slager*
Varkensbloed is niet makkelijk te krijgen. Maar een serieuze slager kan er altijd aankomen als je het bestelt. Het wordt altijd bevroren geleverd.

2 *voorbereiding*
Hol een brood uit. Doe het broodkruim met de eieren en 1,5 dl ontdooid bloed in een kom en laat alles 24 uur in de koelkast weken. Meng door elkaar, het moet een 'bloedpapje' worden.

3 *vleesmengsel*
Snijd het vetspek in grove repen en het vlees in grove stukken. Laat alle ingrediënten voor het vleesmengsel (zogenoemde 'farce') gedurende 1,5 uur licht aanvriezen in de diepvries. Maal in een vleesmolen eerst het vetspek, dan het vlees en de appel met de fijne plaat (4 mm).

4 *cutteren*
Slagers noemen het cutteren (het zeer fijn malen van vlees, zoals bij filet americain, in een speciale machine), maar je kunt ook een keukenmachine gebruiken. Doe het gemalen vlees-appelmengsel in de keukenmachine in de grote kom met het grote mes. Laat draaien zodat een zachte emulsie ontstaat. Voeg geleidelijk het bevroren bloed toe tot het volledig is opgenomen. Doe het geweekte bloedbroodmengsel erbij (dit zorgt later voor de binding). Voeg de kruiden en specerijen toe. Meng net zolang tot een zachte boterachtige emulsie is ontstaan.

5 *afvullen*
Zet de afvultuit op de vleesmolen (of gebruik indien je geen vleesmolen hebt een alternatief: zie blz. 85, onder vuller). Maak de darm vochtig en schuif hem voorzichtig over de afvultuit. Knoop het uiteinde van de darm af (zodat het gemalen vlees er niet uit kan). Draai aan de vleesmolen, zodat het vlees eruit komt (eerst de lucht eruit laten komen) en in de darm wordt geduwd. Begeleid met je andere hand de vorm van de worst zodat het vlees gelijkmatig in de darm wordt geduwd. Knoop als je voldoende worst hebt de darm af. Knijp de darm – afhankelijk van de gewenste lengte van de worst – om de circa 5 cm af en draai de worst enkele keren om zijn as. Je krijgt nu een streng van worstjes (knip ze desgewenst los).

6 *koken en bakken*
Blancheer de rauwe bloedworst in heet water gedurende circa 20 minuten. Niet in kokend water, anders springen de worstjes open. Laat de worstjes afkoelen. Verhit de boter op laag vuur in een koekenpan tot het schuim begint weg te trekken. Braad de worstjes in 20 minuten zachtjes rondom bruin. Het is belangrijk de worstjes rustig op laag vuur langzaam te garen anders is er kans dat ze openspringen. Lekker met schijfjes (met suiker gekarameliseerde) gebakken appel.

CHARCUTERIE VOOR THUIS
Wereldhammen

100

NAAM: Prosciutto di Parma
REGIO: Parma, Italië
KENMERK: minimaal 12 maanden gerijpt in Parma-regio, minder zout dan andere rauwe ham
OPMERKING: logo met kroon, EU-beschermde herkomstbenaming

NAAM: Jambon d'Ardenne
REGIO: (o.a.) Luik, België
KENMERK: (koud) gerookte, gedroogde donkere ham met fijne kruidensmaak
OPMERKING: de trots van Wallonië, EU-beschermde herkomstbenaming

CHARCUTERIE VOOR THUIS
Wereldhammen

101

NAAM: Jambon de Bayonne
REGIO: Zuidoost-Frankrijk
KENMERK: minimaal 9 maanden gerijpte ham, kruidenrijk, mildzoetige smaak
OPMERKING: EU-beschermde herkomstbenaming

NAAM: Jamón Serrano
REGIO: Spanje
KENMERK: van wit Spaans varken, minimaal 9 maanden gedroogd, zoetige smaaktonen
OPMERKING: Serrano is algemene (beschermde) naam 'bergham'. Trevélez is een van de beste Serranohammen – net als Jamón Teruel

NAAM: Ibérico
REGIO: Spanje
KENMERK: van zwarthoevig Ibéricovarken, minimaal 15 maanden gerijpt, tikje mildzoetige smaak van eikeltjes
OPMERKING: beste kwaliteit is Bellota

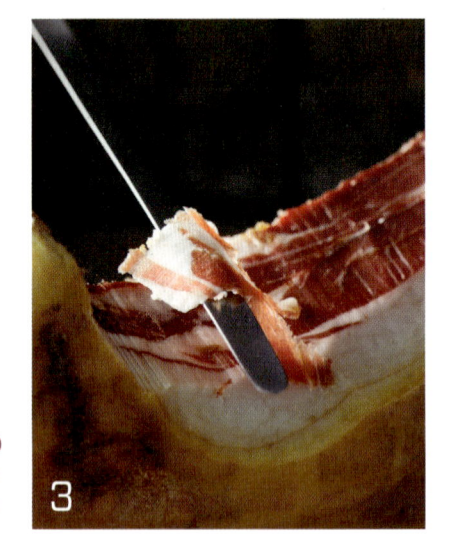

Tips

- Ibérico snijd je in flinterdunne, kleine plakjes (3 bij 4 cm breed)
- Volg tijdens het snijden het bot
- Jamón Ibérico is afkomstig van de achterpoot, daar waar de ham zit, en is zo'n 6-9 kilo zwaar. De voorpoot (Iberico Paleta) is kleiner en minder zwaar, zo'n vier kilo, en dus goedkoper. De schouder snijdt iets lastiger (grilliger vorm).
- Dek de ham na het snijden af met een theedoek of met het afgesneden vet om uitdrogen te voorkomen
- Een aangesneden Ibéricoham kun je tot 3 maanden bewaren (kamertemperatuur, nooit in de koelkast)

CHARCUTERIE VOOR THUIS
Zó snijd je Ibéricoham

Het trancheren van Ibéricoham in het been geldt in Spanje als een verheven ritueel. Een professional snijdt binnen twee uur een hele ham in plakjes tot er slechts een bijna kaal bot overblijft. Maar met onderstaande tips kom je als amateur-jamonero ook een heel eind.

1 *hamklem*

Schroef de ham vast in een hamklem (jamonera) met de hoef naar beneden. Je snijdt eerst de lange, dunnere kant aan ('contramaza' in het Spaans). Dit deel is dunner en droogt het snelst uit en kun je daarom het beste als eerst eten. Waar de verharde huid begint, maak je eerst een inkeping (circa 2 cm diep). Snijd met een stevig mes eerst het zwoerd en daarna het vet laag voor laag weg tot het rode vlees zichtbaar is. Bewaar het vet om later de ham mee te bedekken.

2 *mes*

Gebruik een lang en vlijmscherp mes met flexibel lemmet om de ham te trancheren. Snijd alleen het zwoerd weg van het deel dat wordt gesneden. Zorg dat er altijd een laagje van vet aan de ham blijft, een plakje moet een smakelijk randje vet behouden.

3 *dun*

Snijd zo veel mogelijk horizontaal, in flinterdunne, kleine plakjes (ongeveer 3 bij 4 cm). Zet het mes regelmatig aan zodat het scherp blijft. Tijdens het snijden ruik je de oliën en aroma's die loskomen.

4 *trancheren*

Volg steeds de lijn van het been. Ga door tot je het bot hebt bereikt. Van de ham (Jamón Ibérico) houd je zo'n 60% aan vlees over (de rest is bot en weggesneden vet); van de Ibérico Paleta 40%.

5 *draaien*

Draai de ham om met de hoef naar boven. Snijd met een stevig mes eerst het zwoerd en daarna het vet laag voor laag weg tot het rode vlees zichtbaar is.

6 *heup*

Volg steeds de lijn van het been. Ga door tot je het bot hebt bereikt. Hierna begint het lastige gedeelte. Snijd bij het heupgewricht en de zijkanten het zwoerd en het vet weg. Snijd rondom het been het vlees weg, dit zijn kleinere stukjes ham die vaak wat meer doorregen zijn. Dit zijn meestal de smakelijkste stukjes. Van hieruit snijd je naar eigen inzicht zo veel ham weg tot je overal het bot hebt bereikt.

De ziel van Ibérico

Ibérico

Het huis van Emilia in Nava (*Cortijo nava Emilia*), is de naam van de bijna 200 jaar oude finca van de familie Gómez, vernoemd naar de voorouders. In de kurkbossen rondom de boerderij, gelegen op een heuvel bij een dorpje nabij Córdoba, scharrelen tientallen Ibéricovarkentjes rond. Met hun spitse snuit wroeten ze in de aarde op zoek naar eten. Het gaat ze vooral om de bellotas, eikeltjes die verspreid onder de bomen op de grond liggen. Het is midden in de montanera, het eikeltjesseizoen dat – afhankelijk van het weer – loopt van november tot en met maart. Dan vallen de rijpe eikels van de bomen en vreten de varkens letterlijk hun buikje vol. De stilte op deze rustieke plek wordt slechts doorbroken door het luide gesmak van de loslopende dieren. Hier loopt het zwarte goud van de familie Gómez rond, al vijf generaties lang. Dartelende zwarte Mastino honden bewaken ook 's nachts de varkens. De dieren leiden een bevoorrecht leven. Niet alleen vanwege hun exclusieve dieet van eikeltjes, grassen, kruiden en andere natuurlijke lekkernijen, maar ook vanwege de ongekende vrijheid die ze tijdens hun leven genieten. Per hectare lopen gemiddeld niet meer dan vijf of zes varkens rond. Zodra een eikenbos is omgespit en er geen eikels meer zijn, lopen de dieren naar een ander deel van het honderden hectare grote landgoed. Deze regio rondom Córdoba is al eeuwenlang een belangrijke hofleverancier van de wereldberoemde Ibéricoham. Het is de perfecte omgeving voor het Ibéricoras om te gedijen. Het sterke ras kan goed tegen de soms extreme temperaturen van 40 °C en hoger, die er zomers heersen.

Encina

Jacobo Gómez, de oudste van vijf broers en huidig directeur, raapt een handje eikeltjes van de grond om te proeven. We zijn samen op pad met slager Arno Veenhof, van de bekende hoofdstedelijke slagerij Yolanda en Fred de Leeuw. Hij reist regelmatig naar Spanje op zoek naar mooi varkensvlees, waaronder de gedroogde Ibéricohammen. De verse eikeltjes hebben een lichtzoete smaak, een beetje hazelnootachtig. Het zijn juist de eikeltjes en kruiden die het vlees van het Ibéricovarken een karakteristieke kruidige, lichtzoete smaak geven. De veteigenschappen van het ras en het vele bewegen van de varkens over de weidegronden (een varken loopt tijdens het montanera seizoen wel veertien kilometer per dag) zorgen ervoor dat het vet doordringt tot in het vlees en er een fijne vetdooradering van het vlees ontstaat. "Ibérico is een echte delicatesse," stelt Veenhof. "Het is het Wagyu onder de varkens." Na de montanera, omstreeks maart, zijn de varkens bij een gewicht van zo'n 130-140 kilo slachtrijp. Ze zijn dan ruim 16 tot 20 maanden oud, en hebben dan minimaal één eikeltjesseizoen meegemaakt. De varkens op de boerderij van Gómez zijn van de beste kwaliteit. De gedroogde hammen van deze dieren komen in aanmerking voor zogenoemde Bellota-kwaliteit, de hoogste kwaliteitsaanduiding. Bellota ham is gemaakt van Ibéricovarkens (minimaal voor 75% afstammend van Ibérico ouders) die minstens 40% van hun levend gewicht hebben te danken aan het eten van eikels en andere natuurlijke producten. Dit ter onderscheid van Cebo-kwaliteit, afkomstig van Ibéricovarkens die geen eikels hebben gegeten en louter met graan zijn gevoed (zie kader). Elke regio in Spanje waar de Ibéricovarkens leven (een gebied in het zuiden en zuidwesten van Spanje tot aan de Portugese grens) heeft weer zijn eigen karakteristieken, vergelijkbaar met het belang van terroir voor wijn. Ibérico uit Extremadura heeft weer een andere smaak dan Ibérico uit de Castiliaanse provincie Salamanca of de Ibérico uit Andalusië. Ham-aficionados proeven subtiele verschillen tussen ham van varkens die voornamelijk eikels van de steeneik hebben gegeten (encina), van de kurkeik (alcornoque) of van beide.

Ibérico

Jabugo

Ten westen van Córdoba, ruim twee uur rijden vanaf de boerderij van Gómez, ligt een ander belangrijk centrum voor Ibérico: Jabugo in de provincie Huelva (100 kilometer boven Sevilla). Het stoffige dorpje in de heuvels van de Sierra de Aracena telt nog geen tweeduizend inwoners en bestaat voornamelijk uit een grote hoofdstraat en een centraal plein Plaza del Jámon geheten. Hier wordt volgens sterrenchefs de allerbeste Ibérico-ham van Spanje gemaakt: Cinco Jotas. Het unieke microklimaat (hete zomers en koele ijsvrije winters met vochtige nachten) maakt dit een ideale plek om ham te maken. In de donkere kelders van Cinco Jotas midden in het dorpje, hangen de kostelijke hammen rijen dik te rijpen. De isolerende stenen muren in de ruim 150 jaar oude kelders bieden het juiste klimaat om de hammen tot wel 36 maanden te laten rijpen. Het maken van gedroogde Ibérico-ham is een proces dat bij Cinco Jotas teruggaat tot 1897. Na het slachten worden de voorpoten (schouder of paleta) en de achterpoten (ham/bil of jamón) losgesneden. Daarna wordt het vlees in een gekoelde zoutkamer (1-5 °C) gedurende tien tot veertien dagen volledig bedekt met een dikke laag zout. Daarna wordt de ham met lauw water gewassen om overtollig zout te verwijderen. Daarop volgt een rustperiode van vier tot zes weken waarin de hammen in een ruimte van 6-8 °C worden weggehangen. Het zout krijgt de tijd om in te trekken en het vlees wordt droger en steviger. In speciale donkere droogkelders (secadores) hangen de hammen verder te drogen en te rijpen. De temperatuur binnenin de kelders is ondanks de grote temperatuurverschillen gedurende het jaar vrij stabiel; in de zomer tussen 18 en 21 °C en in de winter tussen 12 en 16 °C De luchttoevoer – cruciaal voor het aan de lucht laten drogen van de hammen – wordt door keldermeesters dagelijks gecontroleerd. Afhankelijk van het weer doen zij handmatig de kelderramen meer of minder open om de zachte berglucht binnen te laten, een soort natuurlijk ventilatiesysteem. In het voorjaar beginnen de hammen te 'zweten'. De ham begint dan een eigen smaak en geur te ontwikkelen. De rijping wordt afgemaakt in koelere kelders (bodegas) met een hogere luchtvochtigheid. In deze fase wordt dankzij de aanwezige microcultuur de kenmerkende schimmel gevormd, de *penicillium*

Wat is pata negra?

Pata negra betekent 'zwarte poot' en is de verzamelnaam voor varkens met een zwarte hoef. Ibéricoham, van het zwarthoevige Ibéricovarken, is dus strikt genomen een pata negra. Maar niet alle pata negra is automatisch ook Ibérico. Het Hongaarse Mangalicavarken is bijvoorbeeld ook een zwartpoot, maar is geen originele Ibérico-ham. Hammenmakers die mee willen profiteren van de wereldwijde faam van Ibérico noemen hun ham graag pata negra omdat het de associatie oproept met Ibérico. Wie zeker wil zijn van Ibéricoham vraagt dus naar Ibérico en niet naar pata negra.

Casa Gómez

Bellota
Gedroogde ham van Ibéricovarkens die de laatste maanden in de vrije natuur maximaal eikeltjes en kruiden uit de *dehesa* hebben gegeten tijdens het eikeltjes seizoen (november–maart). Zeer olierijk. Kruidige en nootachtige mildzoete smaak.

Recebo
Gedroogde ham van Ibéricovarkens met vrije uitloop, maar met minder voeding van eikels. Bijgevoerd met graan. Iets minder uitgesproken smaak.

Cebo
Gedroogde ham van Ibéricovarkens (met beperkte of geen uitloop) die uitsluitend met graan zijn gemest, zonder eikels. Ook wel campo of gewoon Jamón Ibérico genoemd. Lekker, maar minder gelaagde smaak.

roqueforti, die voor extra verdieping van de smaak zorgt. Het totale droog- en rijpproces na het zouten kan oplopen tot 36 maanden. Voorpoten worden meestal gedurende 14-18 maanden gerijpt, de achterpoten 24-26 maanden. Wordt een achterpoot langer dan 30-36 maanden gerijpt, dan wordt vaak de term *Reserva* of *Gran Reserva* gebruikt (niet een wettelijk beschermde aanduiding, maar een indicatie dat de ham langer is gerijpt). De beste kwaliteit, Bellota, wordt sowieso langer gerijpt. Het vlees van met eikeltjes gevoerde varkens bevat veel meer olie en moet daarom automatisch langer drogen en rijpen. Tijdens het hele proces verliest de ham zo'n 35% van zijn gewicht. De ham is klaar na goedkeuring van de keldermeester. Met een soort breinaald van been boort hij een gat in de ham en ruikt hij of de ham de gewenste kwaliteit heeft.

Cebo

De grote aandacht en het geduld dat nodig is voor het maken van de beste kwaliteit Ibéricoham maakt dat de prijs van een Ibéricoham fors kan oplopen. Lekkere instap-ham, Cebo-kwaliteit, kost al snel zes tot zeven euro per ons. Voor de beste kwaliteit 36 maanden gerijpte Bellota is de prijs zelfs 15 euro of meer.

De allerbeste exemplaren voor bijzondere klanten worden door de keldermeester op verzoek speciaal weggehangen en gerijpt. 'Casa Real Española' meldt een vettig kaartje bij een rij hammen in de kelder van Cinco Jotas. Met daarop een datum sinds wanneer zij daar rijpen. Het zijn hammen bestemd voor het Spaans Koninklijk Huis. Jaarlijks laten zij er tweehonderd hammen weghangen om als relatiegeschenk weg te geven op buitenlandse reizen. De faam van Cinco Jotas reikt vanuit de bergen in Andalusië tot aan het paleis in Madrid en ver daarbuiten.

Jacobo Gómez en slager Arno Veenhof

CHARCUTERIE VOOR THUIS
Ibérico

Eikeltjes van de steeneik (Encina)

De kelders van Cinco Jotas

het PERFECTE VARKEN

De klassiekers

· 112 ·
Cordon bleu
· 114 ·
Wiener Schnitzel
zoals-het-hoort
· 116 ·
Slavink
· 118 ·
Twee variaties op
krokante speklapjes
· 120 ·
Varkensoester met
kappertjesroomsaus
· 122 ·
Saltimbocca van het varken
· 124 ·
Haaskarbonade
met komijnworteltjes
· 126 ·
Schouderkarbonade met
eigengemaakte perzikchutney
· 128 ·
Crépinette

· 130 ·
Charcuterie *by* Diny & Floris,
met zoetzure uitjes
· 132 ·
Werry's venkel-salieworst
met parelgort
· 134 ·
Blanquette de porc
· 136 ·
Cassoulet
by Brandt & Levie
· 138 ·
Oud-Hollands
gestoofde varkenswangetjes
· 140 ·
Eenvoudig
varkensribstuk met
groenten uit de oven

· 142 ·
Krokant gegaard buikspek
met mierikswortel
· 144 ·
Varkenshaas met calvados,
brie en gebakken appeltjes
· 146 ·
Zoetzure gelakte spareribs
· 148 ·
Varkensrollade
met sinaasappelsaus
· 150 ·
Reuzensaucijs
· 152 ·
Pulled pork
met gepofte knoflook
· 156 ·
Ham in hooi
by Speijkervet
· 158 ·
Zuurkool 'Extreem'
· 160 ·
Speenvarkentje uit de oven

Bijgerechten

· 162 ·
Geroosterde
venkel

· 163 ·
Gestoofde
linzen

· 164 ·
Reportage:
Speijkervet

DE KLASSIEKERS
Cordon bleu

Deze klassieker komt in vele gedaanten. Gemaakt van varkensschnitzel of van een varkenskarbonade. Met bot (dan heet het Cotelette Suisse) of zonder. Gepaneerd of ongepaneerd. Onveranderd: een vulling van onberispelijke kwaliteit pittige kaas en sappige achterham. Maak 'm zelf, in plaats van kant-en-klaar. Dan weet je zeker dat je goed zit.

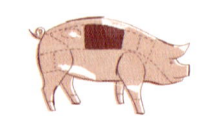

VOORBEREIDING: 10 MINUTEN
BEREIDING: 15 MINUTEN

BOODSCHAPPEN VOOR 4 PERSONEN

4 ribkarbonades, bij voorkeur met bot
peper en zout, versgemalen
optioneel: mosterd
4 plakken pittige kaas
4 plakken achterham
boter

OOK NODIG:
satéprikkers

1 *kies je vlees*
Vraag de slager naar ribkarbonades met een klein randje vet. Haaskarbonade kan ook, maar wordt sneller droog. De schouder- of hals is weer net te vet. Het beste is een ribkarbonade met bot. Dan heet het gerecht trouwens Cotelette Suisse.

2 *kruiden*
Leg het vlees minimaal een half uur van tevoren uit de koelkast zodat het op kamertemperatuur kan komen. Snijd het vlees horizontaal open zodat een envelop ontstaat. Bestrooi zowel de binnen- als de buitenkant met peper en zout. Optioneel: bestrijk de binnenzijde met mosterd.

3 *vullen*
Leg een plak kaas op een plak ham en vouw deze één of meerdere malen op zodat de ham aan de buitenkant zit en de kaas er niet uit kan lopen. Druk stevig aan bij de randen en houd het vlees met een satéprikker bij elkaar.

4 *braden*
Verhit boter in de pan op middelhoog vuur tot het schuim begint weg te trekken. Bak het vlees op matig vuur goudbruin, 3 tot 4 minuten aan elke kant.

5 *rusten*
Leg het vlees op een bord of in een bak met uitlekrooster en bedek het losjes met aluminiumfolie. Laat 5 minuten rusten. Schenk wat heet water bij de vetstof in de koekenpan, schraap de aanbaksels van de bodem en laat de jus even inkoken. Af en toe roeren en de jus is klaar.

6 *serveren*
Serveer het vlees op een warme schaal met de jus apart erbij.

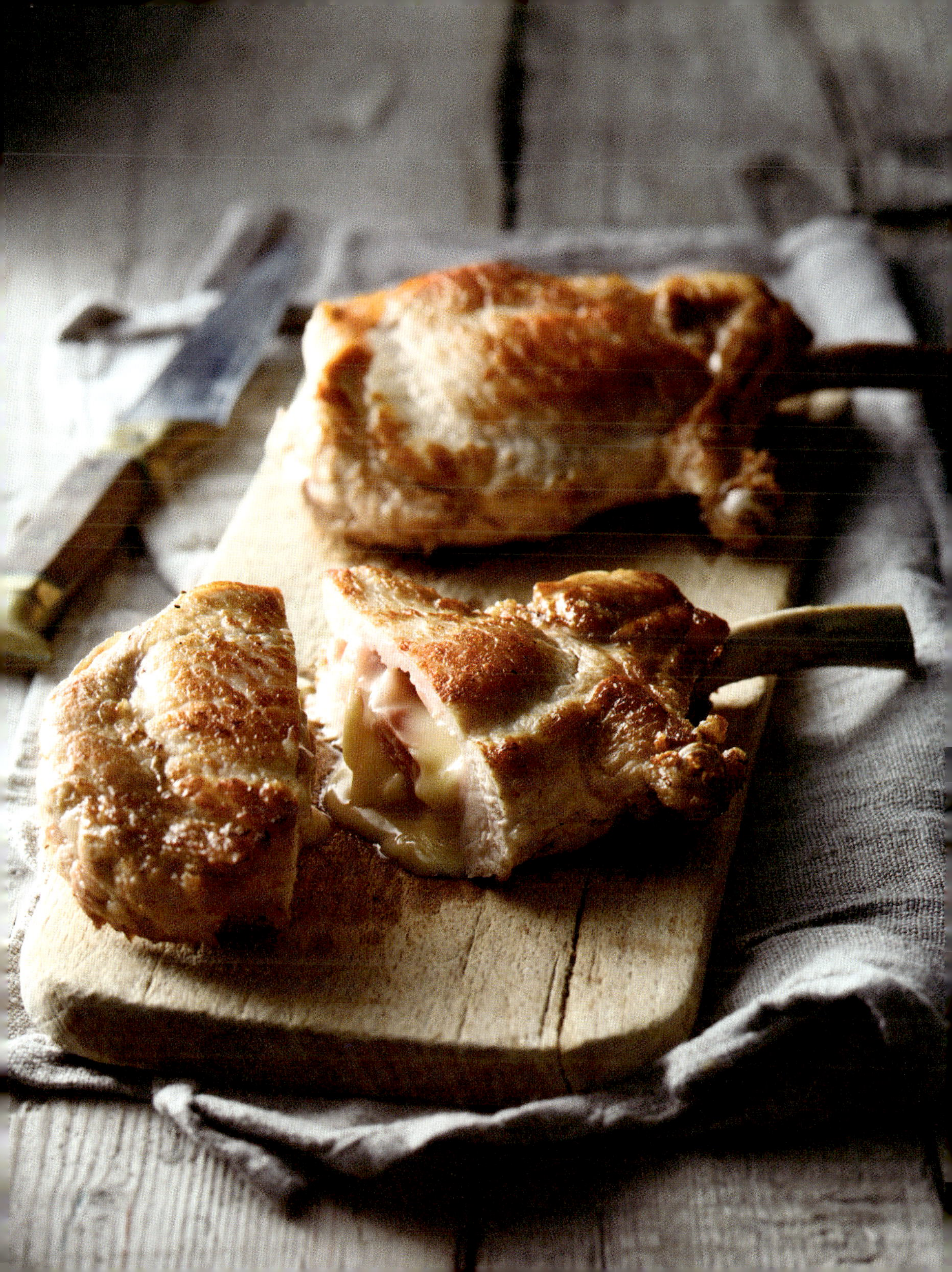

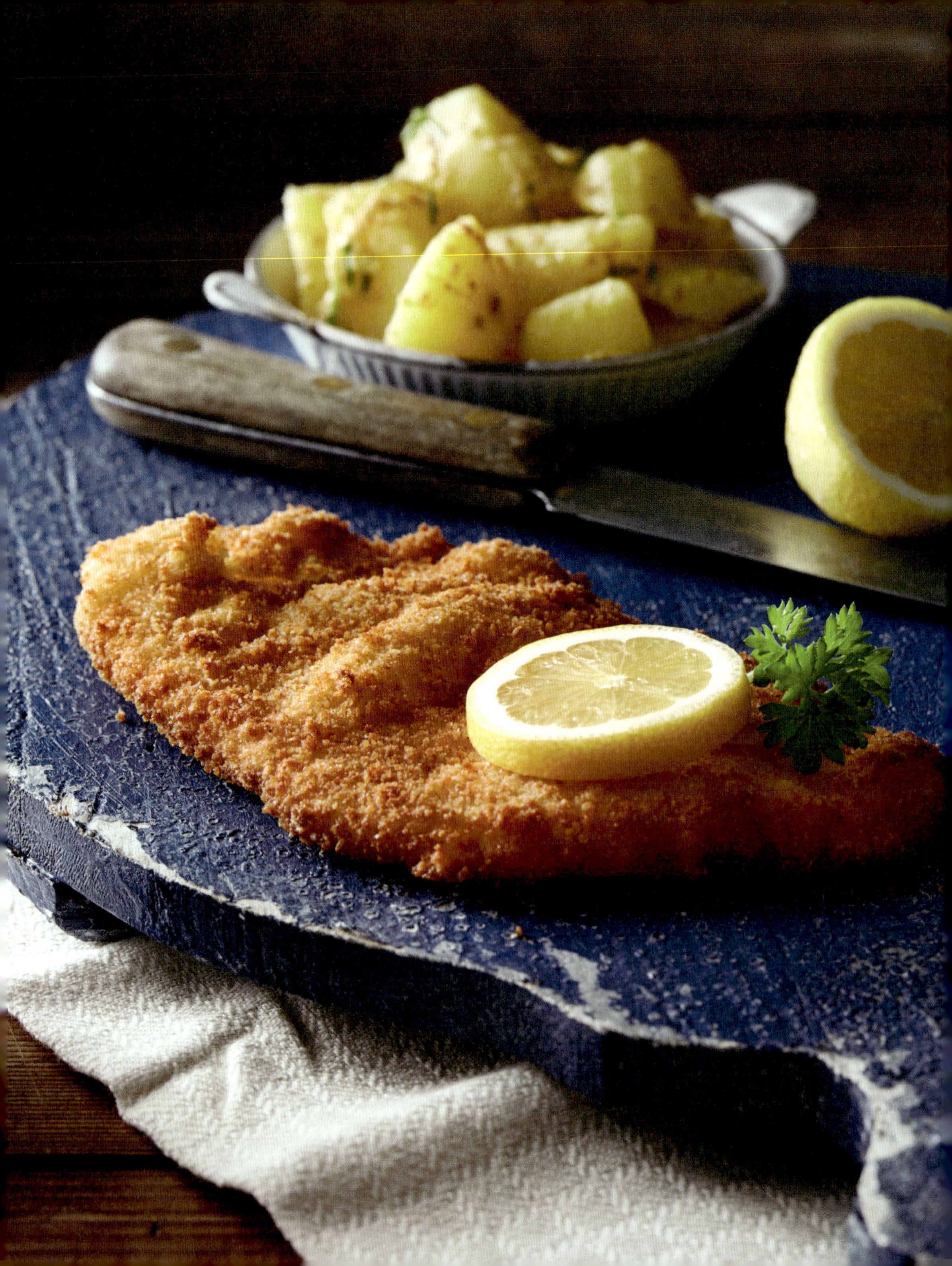

DE KLASSIEKERS
Wiener Schnitzel zoals-het-hoort

115

1 kies je vlees
Vraag de slager om vier (ongepaneerde!) varkensschnitzels. Ietsje vetter dan kalf, maar indien goed gepaneerd en gebakken minstens zo lekker. Het beste is een schnitzel uit de bovenbil (en niet uit de platte bil).

2 plat slaan
Leg de schnitzels een voor een tussen twee lagen plasticfolie en sla ze voorzichtig plat met een zwaar voorwerp (bijvoorbeeld met de bodem van een koekenpan) tot je een dunne schnitzel hebt. Of laat je slager dit doen.

3 kruiden en paneren
Bestrooi het vlees aan beide zijden met peper en zout. Doe in drie aparte borden de bloem, de losgeklopte eieren en paneermeel. Haal het vlees eerst door de bloem, daarna door het ei en tot slot het paneermeel. De volgorde is van belang. De bloem zorgt dat het ei beter hecht. Het ei zorgt dat het paneermeel beter plakt. Klop overtollig bloem en paneermeel er zorgvuldig af.

4 bakken
Verhit op middelhoog vuur de reuzel (*Schmaltz* heet dat in Oostenrijk) of gebruik gewoon boter. Je mag royaal vetstof gebruiken. Leg de schnitzels voorzichtig in de pan. Zorg voor een voldoende grote pan, gebruik anders 2 pannen; er moet 1 cm ruimte tussen de stukken vlees zitten. Het vet moet meteen gaan bruisen, alsof je frituurt. Bak de schnitzels goudbruin terwijl je de pan voortdurend schudt. Let op dat de pan niet te heet wordt. Reken afhankelijk van hoe dun je schnitzel is maximaal 1 tot 2 minuten per kant. De korst moet tijdens het bakken van het vlees loskomen, zoals bij een soufflé.

5 serveren
Haal de schnitzels uit de pan en laat op keukenpapier uitlekken. Leg ze op een bord of schaal. Garneer met schijfjes citroen en peterselie. In Oostenrijk eten ze er graag een lauwwarme aardappelsalade bij.

De echte Oostenrijkse Wiener Schnitzel is gemaakt van kalfsfricandeau. Deze varkensvariant is iets vetter, maar minstens zo lekker. Dit is hoe de Oostenrijkse chef-kok Michael Wolf (restaurant Envy, Amsterdam) 'm altijd maakt. Gebakken in varkensreuzel. Mét een perfect gesouffleerde krokante korst.

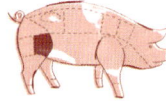

VOORBEREIDING: 20 MINUTEN
BEREIDING: 5 MINUTEN

BOODSCHAPPEN VOOR 4 PERSONEN

4 varkensschnitzels
peper en zout, versgemalen
bloem
2 eieren, losgeklopt
paneermeel
3 eetlepels gesmolten varkensreuzel (alternatief: boter)
1 eetlepel geklaarde boter
citroen
krulpeterselie

TIP:
De legendarische voormalig ROC-opleider Willem Himmelreich doceerde altijd om de schnitzel voor het paneren en bakken eerst in een kom koud water te leggen. Het vocht verdampt tijdens het bakken waardoor de korst beter souffleert.

DE KLASSIEKERS
Slavink

Maak indruk op je gasten. En maak je eigen supersappige *homemade* slavink. Beetje vouwen, rollen, knutselen … en klaar. Deze zijn gegarandeerd lekkerder dan de kant-en-klaar-vinkjes uit de supermarkt.

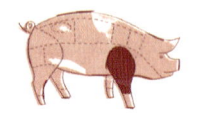

VOORBEREIDING: 20 MINUTEN
BEREIDING: 30 MINUTEN

BOODSCHAPPEN VOOR 4 PERSONEN

600 gram (doorregen) schouder (of vers gedraaid varkensgehakt)
12 plakjes gezouten en gerookt buikspek, niet te dik gesneden, langwerpig
peper en zout, versgemalen
boter

optioneel: 2,5 dl bouillon

1 kies je vlees
Koop bij een goede slager vlees voor het gehakt (bijvoorbeeld doorregen schouder, niet mager). Je kunt 'm ook vragen naar varkensgehakt als je zelf geen zin of tijd hebt om te malen. Reken op 75 gram per slavink. Neem als je zelf je gehakt maalt de fijne plaat (3 of 4), maar grover kan ook. Zorg ervoor dat het vlees goed koud blijft. In plaats van gerookt buikspek (ontbijtspek) kun je ook pancetta nemen (iets meer gekruid).

2 kruiden
Meng peper en zout door het gehakt. Let op: niet te veel zout, het spek is ook al zout.

3 vouwen
Leg drie spekreepjes in een kruis (zie foto). Leg op het kruispunt een rolletje van het gekruide gehakt. Omwikkel eerst de twee lange zijden van het gehaktrolletje met de tegenover elkaar liggende helften van de twee spekreepje. En omwikkel vervolgens de korte zijden van het gehakt met de tegenover elkaar liggende helften van twee spekreepjes. Rol het overgebleven ontbijtspek om het gehakt heen. Je homemade slavink is gereed.

4 bakken
Verhit boter in de pan op middelhoog vuur tot het schuim begint weg te trekken. Bak het vlees rustig rondom bruin. Voeg een kopje heet water (of bouillon) toe en laat de slavinken in circa 20 tot 25 minuten langzaam gaar sudderen op laag vuur. Voeg voor een krokanter resultaat geen water (of bouillon) toe, maar bak het vlees op een middelhoog tot hoog vuur 10 tot 15 minuten in de boter (pas op voor uitdrogen).

5 rusten
Leg het vlees op een bord of een bak met uitlekrooster en bedek het losjes met aluminiumfolie. Laat 5 minuten rusten. Een slavink kan niet zonder vette jus. Schenk wat heet water bij de vetstof in de koekenpan, schraap de aanbaksels van de bodem en laat even inkoken. Af en toe roeren en de jus is klaar.

6 serveren
Serveer het vlees op een warme schaal met de jus apart erbij.

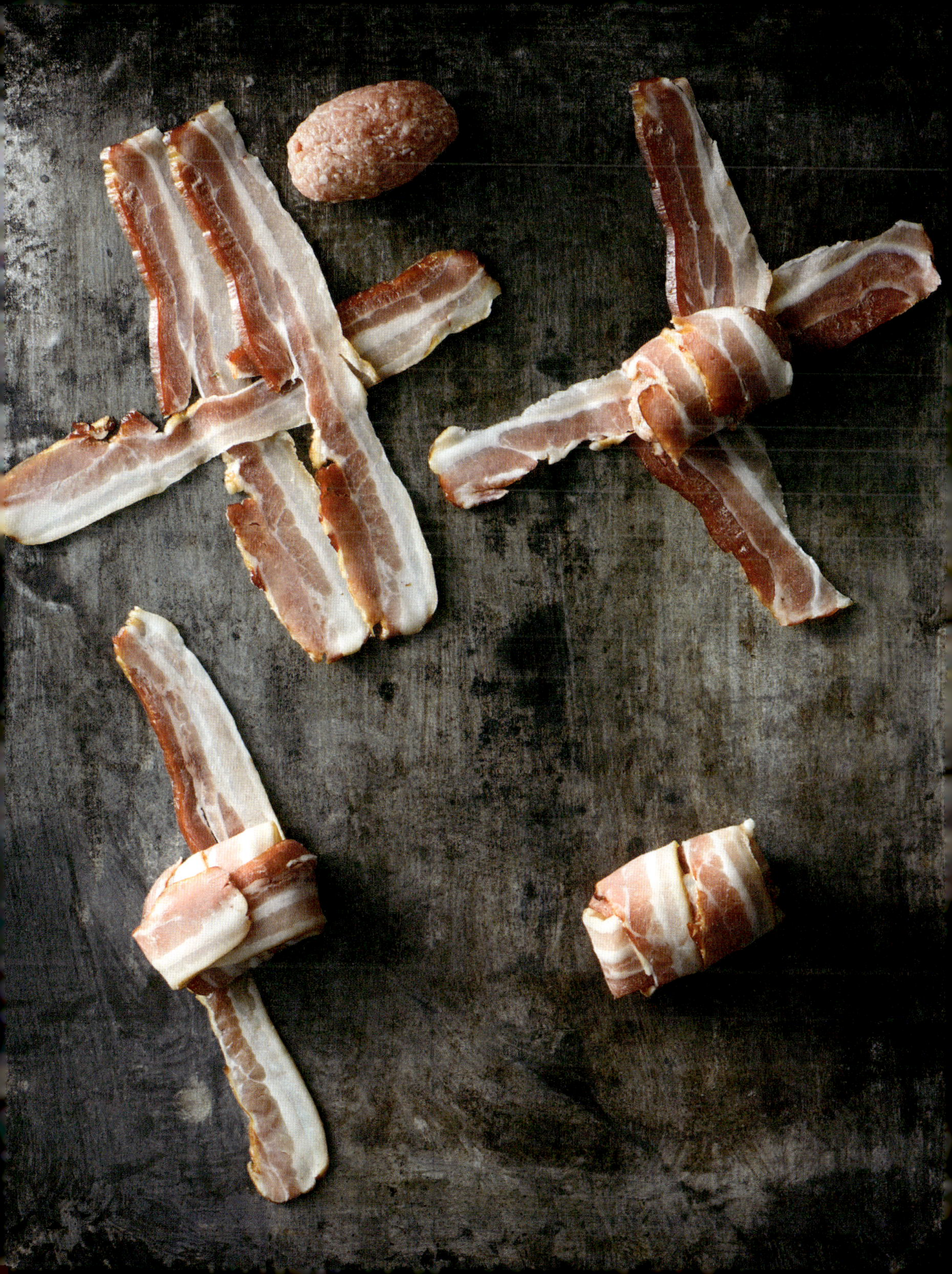

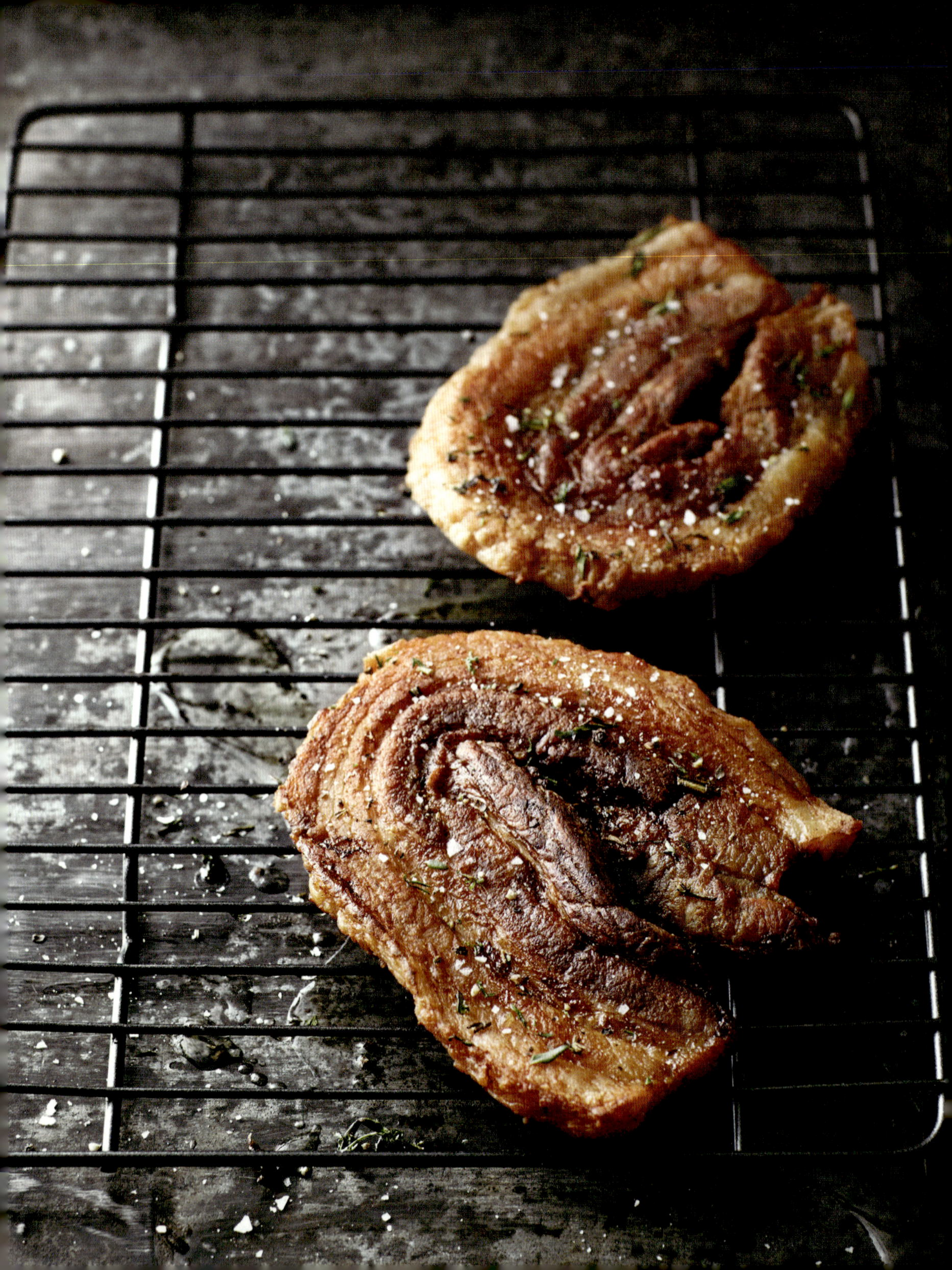

DE KLASSIEKERS
Twee variaties op krokante speklapjes

Variant 1: Oven

Een methode waarbij de hete lucht in de oven vocht aan het vlees onttrekt en je een krokant resultaat krijgt (soort droogbakken).

1 *marinade maken*
Verwarm de oven voor op 180 °C. Meng een halve dl olijfolie met de fijngesneden kruiden en knoflook.

2 *bakken*
Bak de speklapjes op een hoog vuur in een beetje olijfolie bruin. Haal de speklapjes uit de pan en smeer ze daarna in met het olie-kruidenmengsel.

3 *roosteren*
Leg het vlees op het rooster in de oven. Gebruik een lekbak om het druipende vet in op te vangen. Rooster de speklapjes in 20-25 minuten tot ze goudbruin en krokant zijn maar niet hard.

Variant 2: Waterbadje

Deze methode is van het team van America's Test Kitchen. De ruim dertigkoppige redactie van testkoks, onderzoekers en proevers is dagelijks in de weer gerechten en bereidingswijzen in alle denkbare variaties te testen. Ze kwamen tot de volgende bereiding.

1 *koken*
Leg de speklapjes naast elkaar in een koekenpan en giet er zo veel water over dat ze net onder staan. Zet de pan op hoog vuur en draai zodra het water kookt het vuur terug naar middelhoog.

2 *verdampen*
Zet het vuur laag zodra het water verdampt is (na ongeveer 30-40 minuten). Blijf erbij want nu gaan de lapjes in eigen vet bakken en worden ze snel bruin. Bak ze droog en heel krokant.

Krokant vanbuiten (maar niet hard en taai) en sappig vanbinnen (dus niet te weeïg). Zie daar de uitdaging voor het bakken van een *good old* plakje buikspek (ofwel de speklap). Met deze twee variaties lukt het altijd.

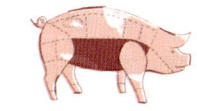

VOORBEREIDING: 20 MINUTEN
BEREIDING: 30 MINUTEN

BOODSCHAPPEN
VOOR 4 PERSONEN

1 kilo speklapjes, goed doorregen, met het nodige vlees
olijfolie
verse tijm en rozemarijn, fijngesneden
4 tenen knoflook, fijngehakt
peper en zout, versgemalen

DE KLASSIEKERS
Varkensoester met kappertjesroomsaus

De varkensoester is een van de duurdere delen van het varken. Zoals de kogelbiefstuk bij het rund. Mooi mals en zacht. Lekker met friszure kappertjes en sinaasappel in volromige saus. En razendsnel op tafel.

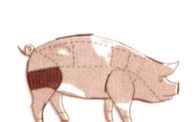

VOORBEREIDING: 5 MINUTEN
BEREIDING: 15 MINUTEN

BOODSCHAPPEN VOOR 4 PERSONEN

4 varkensoesters (150 gram per stuk)
peper en zout, versgemalen
2 theelepels mosterdpoeder (dit is gemalen mosterdzaad)
boter (of gesmolten varkensreuzel)

SAUS:
2 eetlepels marsala (zoete Italiaanse dessertwijn), alternatief: rode port
sap van 1 hele en geraspte schil van 1 halve sinaasappel
1 eetlepel groene kappertjes, grof gehakt
1 theelepel groene peperkorrels
1 theelepel gemalen kaneel
45 gram crème fraîche
125 gram fromage frais (verse zachte roomkaas), alternatief: Mon Chou of mascarpone

1. *vlees*
Vraag de slager om oesters waar het vet netjes vanaf is gesneden. Een mooi hoog torentje is het lekkerste.

2. *kruiden*
Bestrooi het vlees met peper, zout en mosterdpoeder.

3. *bakken*
Verhit boter in de pan op middelhoog vuur tot het schuim begint weg te trekken. Schroei het vlees aan beide zijden dicht. Bak ze daarna op matig vuur nog 2 minuten per kant tot ze gaar zijn (maar niet te droog!). Haal de oesters uit de pan en laat rusten op een rooster, losjes bedekt met aluminiumfolie.

4. *roomsaus*
Zet het vuur hoog. Blus de aanbaksels in de pan af met de marsala. Laat bijna volledig inkoken. Voeg het sap en de rasp van de sinaasappel toe en kook dit in tot een stroperige saus. Roer de kappertjes, peperkorrels, kaneel en crème fraîche erdoor en kook de saus een beetje in. Haal de pan even van het vuur en roer de fromage frais door de saus. Zet nog kort (1 minuutje) terug op het vuur om de smaak in te laten trekken.

5. *serveren*
Serveer de oesters met de saus. Lekker met krieltjes met peterselie.

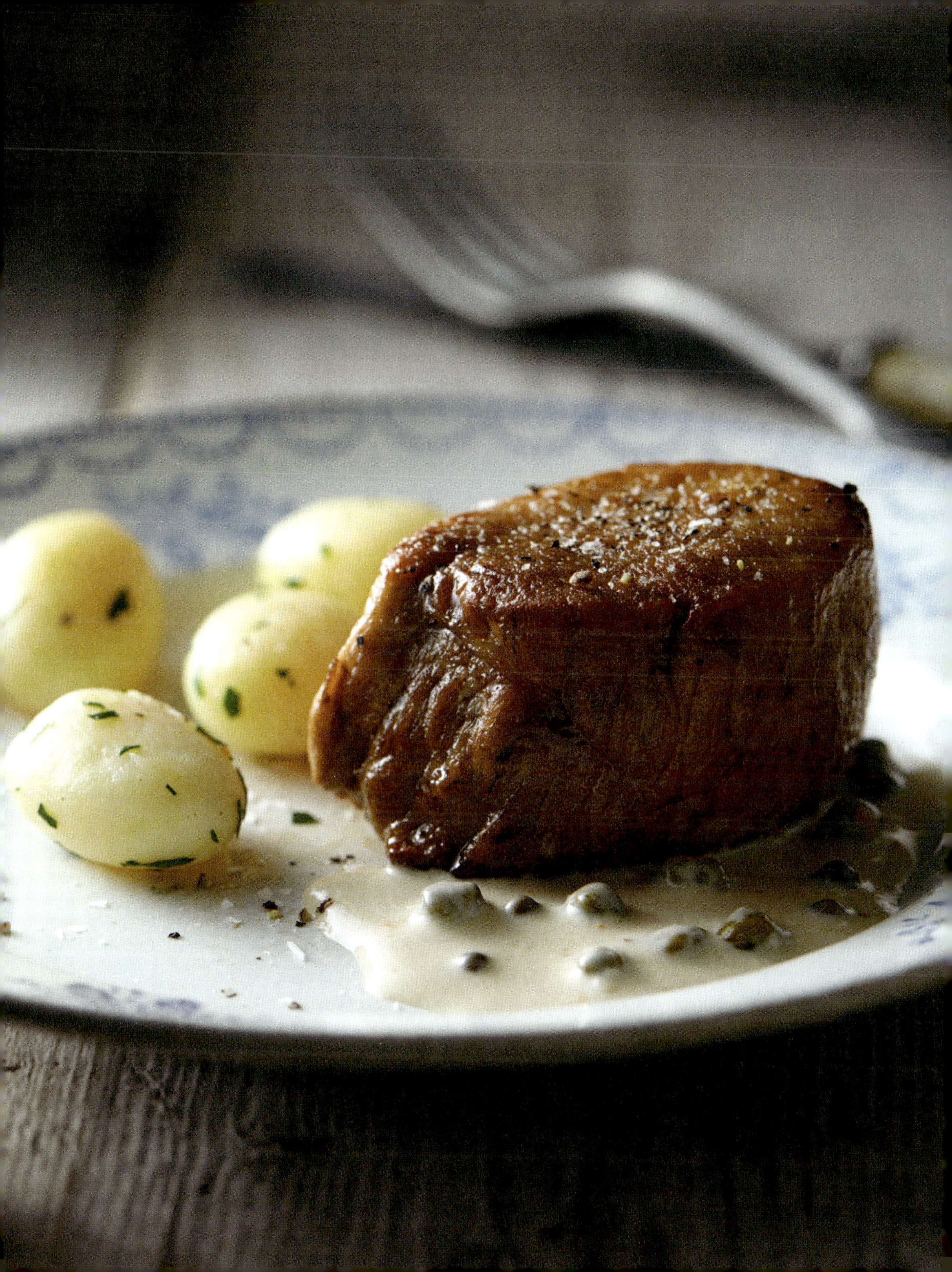

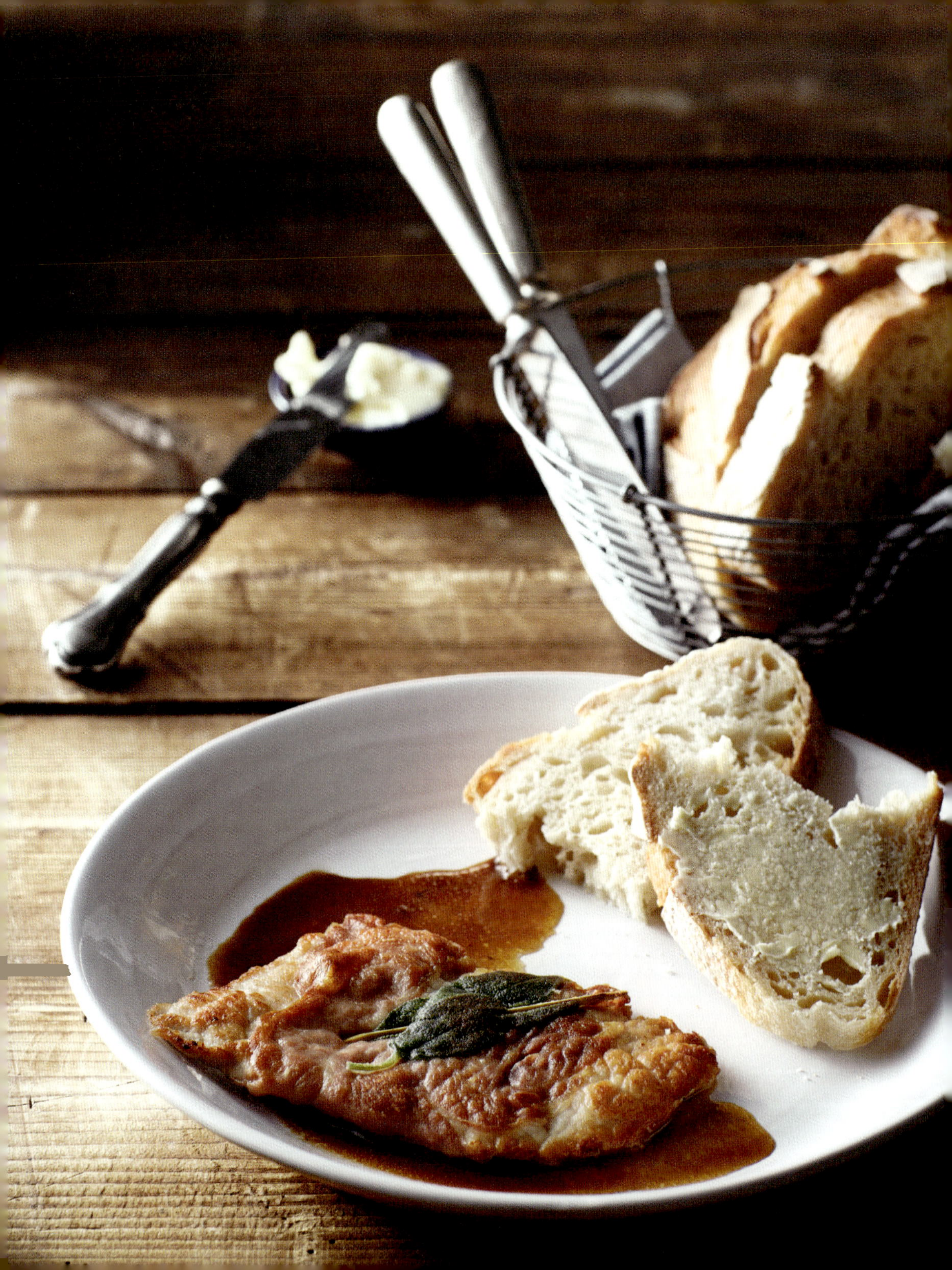

DE KLASSIEKERS
Saltimbocca van het varken

1 *kies je vlees*
Vraag de slager om (ongepaneerde!) varkensschnitzels. Ietsje vetter, maar minstens zo lekker als kalf. Je kunt ook oesters gebruiken (is iets magerder).

2 *plat slaan*
Leg het vlees tussen plasticfolie en sla het voorzichtig plat met een zwaar voorwerp (bijvoorbeeld de bodem van een koekenpan) tot je een dunne schnitzel of oester hebt. Of laat je slager dit doen. Bestrooi het vlees aan beide zijden met peper en eventueel zout. Pas op met zout want de gedroogde ham is ook al zout. Leg op elke stukje vlees een plakje ham en daarop 2 blaadjes salie en prik vast met 1 of 2 cocktailprikkers.

3 *bakken*
Wentel het vlees in zijn geheel door de bloem (beide zijden). Overtollige bloem goed afkloppen. Verhit op middelhoog vuur een klont boter in een koekenpan tot het schuim wegtrekt. Bak het vlees kort aan beide zijden, 1 tot 2 minuten per zijde. De zijde met de salie/ham als laatste. Haal het vlees uit de pan en laat rusten op een rooster, losjes afgedekt met aluminiumfolie. Maar intussen de saus.

4 *saus*
Roer de bouillon, wijn en marsala in een kom. Zet het vuur hoger en voeg het bouillonmengsel toe. Laat al roerend inkoken tot een beetje stroperige saus ontstaat. Roer er nu nog een klont boter doorheen. Leg het vlees nog 1 tot 2 minuten in de pan om op te warmen (de saus mag niet koken).

5 *serveren*
Serveer het vlees met de saus. Lekker met knapperig brood of gekookte krielaardappeltjes.

De originele saltimbocca maak je met kalfsoester. Maar wat is er mis met een varkensschnitzel of -oester in plaats van kalf? Helemaal niks.

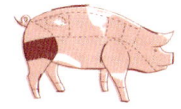

VOORBEREIDING: 10 MINUTEN
BEREIDING: 5 MINUTEN

BOODSCHAPPEN
VOOR 4 PERSONEN

4 (ongepaneerde!) varkensschnitzels (150 gram per stuk) of varkensoester
peper en zout, versgemalen
4 plakken Parmaham, niet te dun gesneden
8 blaadjes salie
2 eetlepels bloem
boter
3 dl warme (kippen)bouillon (eventueel van een blokje)
2 eetlepels witte wijn
1 eetlepel marsala, alternatief: rode port

OOK NODIG:
cocktailprikkers

DE KLASSIEKERS
Haaskarbonade met komijnworteltjes

Het lichtzoete van de worteltjes combineert fantastisch bij de smaak van een haaskarbonade. Houd je van iets vetter vlees, neem dan de rib of schouder.

1 vlees kiezen
Vraag de slager om een haaskarbonade. Houd je van iets meer vet, neem een ribkarbonade of een zogenoemde tussenribkarbonade (tussen schouder en rib in).

2 groenten
Schrap de wortelen en blancheer ze circa 5 minuten in kokend water (ze moeten nog niet helemaal gaar zijn). Spoel ze af onder (ijs)koud water (zodat het garingsproces stopt).

3 verhitten
Doe de ui in een kom en meng er de komijnzaadjes doorheen. Verhit op middelhoog vuur een klont boter en stoof in de koekenpan het ui-komijnmengsel tot de komijngeur vrijkomt. Voeg de (afgekoelde) worteltjes en de suiker toe en peper en zout naar smaak en meng alles goed door elkaar. Doe een deksel op de pan en laat 5 minuten sudderen.

4 bakken
Verhit boter in de pan op middelhoog vuur tot het schuim begint weg te trekken. Leg de karbonades in de pan en bak ze aan beide zijden (3 minuten elke kant) goudbruin.

5 rusten & serveren
Haal het vlees uit de pan en laat 5 minuten rusten op een rooster, losjes afgedekt met aluminiumfolie. Voeg wat citroensap bij het braadvocht in de koekenpan en schraap de aanbaksels los. Leg het vlees op een bord en giet er wat saus overheen. Leg de wortelen erbij. Garneer met wat krulpeterselie.

VOORBEREIDING: 10 MINUTEN
BEREIDING: 15 MINUTEN

BOODSCHAPPEN VOOR 4 PERSONEN

4 haaskarbonades (of ribkarbonades)
1 bosje wortelen
1 ui, fijngesnipperd
2 eetlepels komijnzaad
boter
2 eetlepels suiker
peper en zout, versgemalen
sap van 1 citroen
1 bosje krulpeterselie

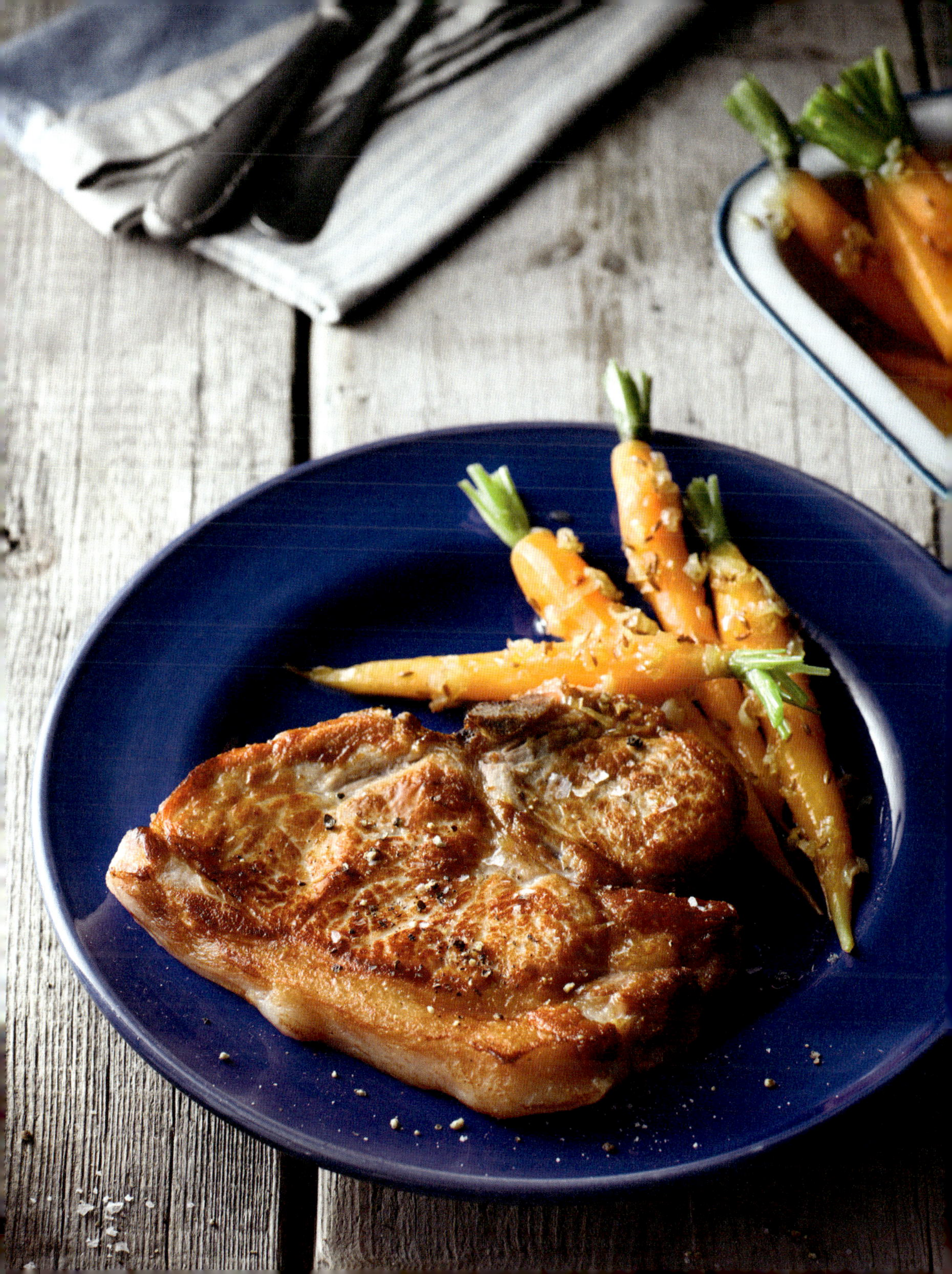

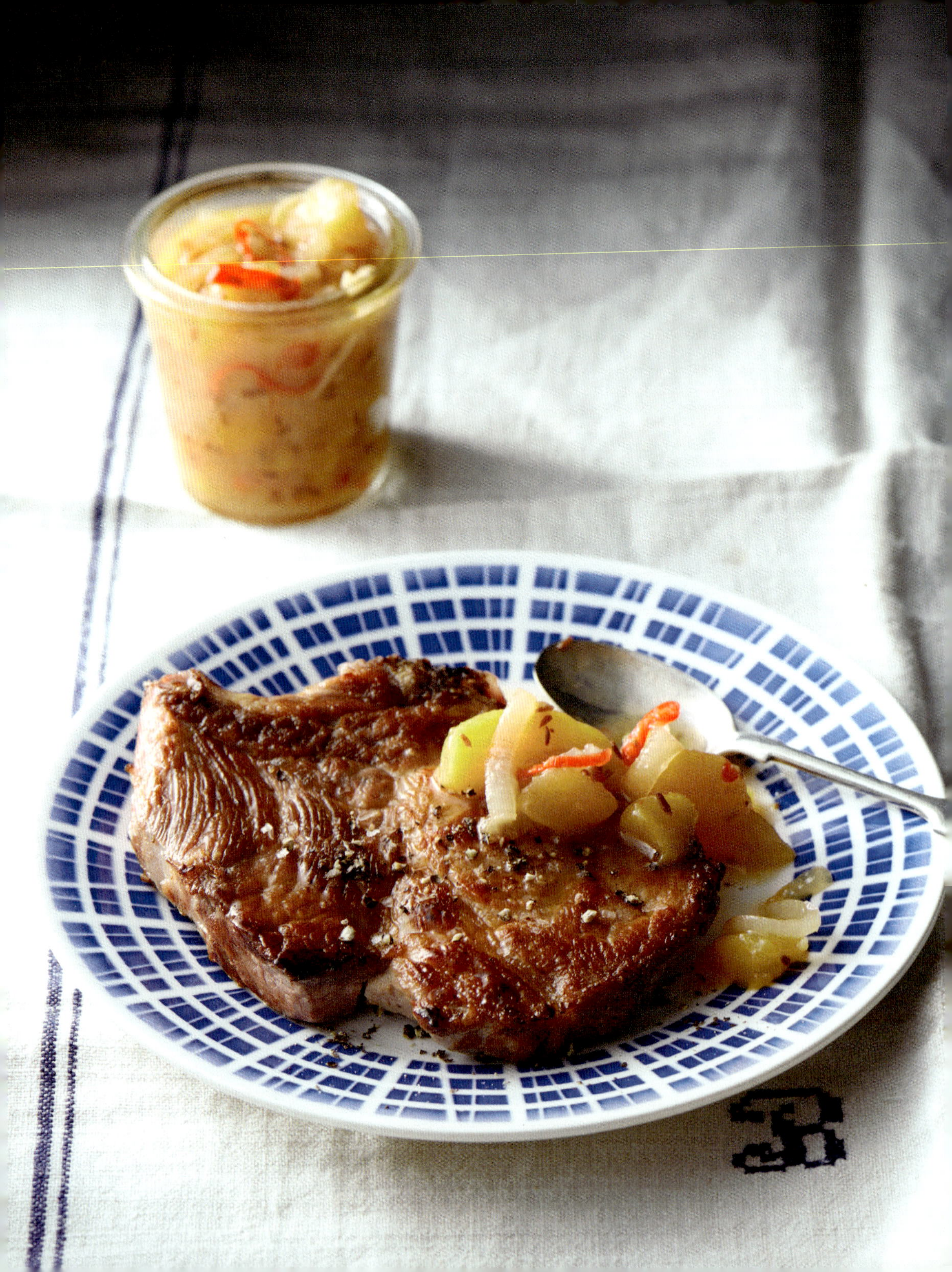

DE KLASSIEKERS
Schouderkarbonade met eigengemaakte perzikchutney

1. kies je vlees
Je kunt er elke karbonade voor nemen, maar een mooie vetdooraderde hals- of schouderkarbonade past misschien wel het beste bij deze frisse chutney.

2. chutney
Fruit op laag vuur in een beetje olie de ui, knoflook, rode peper, gember en het karwijzaad totdat de ui mooi zacht en gekarameliseerd is. Blus af met het citroensap en roer de suiker erdoor. Voeg als laatste de perziken toe. Laat het geheel 15 minuten op laag vuur pruttelen. Haal de chutney van het vuur en laat afkoelen.

3. bakken
Kruid het vlees met peper en zout. Verhit boter (of reuzel) in een koekenpan op middelhoog vuur tot het schuim begint weg te trekken. Braad de karbonades aan beide zijden aan tot ze goudbruin zijn. Zet het vuur lager en laat de karbonades nog ongeveer 20 minuten sudderen.

4. rusten & serveren
Haal het vlees uit de pan en laat rusten op een rooster, losjes afgedekt met aluminiumfolie. Voeg wat overgebleven citroensap bij het braadvocht in de koekenpan en schraap de aanbaksels los. Leg het vlees op een bord en giet er wat saus overheen. Serveren met een lepel chutney op het bord.

Zoetige fruitsmaken als abrikoos, perzik en pruimen zijn traditionele begeleiders van varkensvlees. Om een gebraad mee te vullen. Of om apart te serveren als chutney met bijvoorbeeld perzik.

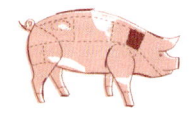

VOORBEREIDING: 10 MINUTEN
BEREIDING: 25 MINUTEN

BOODSCHAPPEN
VOOR 4 PERSONEN

4 schouder-of halskarbonades
boter (of reuzel)
peper en zout, versgemalen

CHUTNEY:
olie
1 ui, in ringen
2 tenen knoflook, in dunne plakjes
½ rode peper, in dunne ringetjes
1 cm verse gember, fijngesneden
1 theelepel karwijzaad
sap van 2 citroenen
80 gram suiker
4 perziken, ontveld en in parten

DE KLASSIEKERS
Crépinette

Maal je eigen vlees, vouw het in een varkensnetje et voilà … je heb een eigengemaakte crépinette. Ofwel: varkensgehakt verpakt in flinterdun vet. Het net houdt het vlees bij elkaar en het vlees blijft dankzij het subtiel smeltende vet lekker sappig.
Varkensnet is het fijne vlies dat rond de ingewanden van het varken zit. Het smelt bij de bereiding van de crépinettes weg.

VOORBEREIDING: 30 MINUTEN
BEREIDING: 15 MINUTEN

BOODSCHAPPEN VOOR 8 PERSONEN

1 kilo mager varkensvlees
150 gram kinnebakspek
varkensnet (zo nodig ontdooid)

KRUIDEN:
15 gram nitrietzout
2,5 gram peper, gemalen
1,25 gram nootmuskaat, gemalen
1,25 gram kardemomzaad, gemalen
1,25 gram korianderzaad, gemalen
1,25 gram foelie, gemalen
boter

OOK NODIG:
vleesmolen (of keukenmachine)
fijne plaat (4 mm)

1 kies je vlees
Bestel bij de slager varkensnet (crépinette) en kinnebakspek (ook wel keelspek genoemd) – de meeste slagers hebben het niet in voorraad. Kies voor varkensschouder (mager).

2 malen en mengen
Snijd het kinnebakspek en het vette vlees in grove stukken. Maal met een vleesmolen op de fijne plaat (4 mm) eerst het spek en daarna het vlees. Geen vleesmolen? Kies voor een alternatieve maalmethode met een keukenmachine.

3 mengen
Doe de kruiden en specerijen met het vlees-spekmengsel in een kom en meng alles goed met de hand door elkaar.

4 vullen
Spreid het varkensnet uit op het werkblad. Leg ongeveer 175 gram van het gehaktmengsel op het net en vouw het dicht. Snijd overtollig varkensnet weg, de randen mogen elkaar een beetje overlappen, maar niet te veel. Maak op deze wijze het gewenste aantal crépinettes.

5 bakken
Verhit de boter op middelhoog vuur in een koekenpan tot het schuim begint weg te trekken. Braad het vlees rondom bruin. Zet het vuur lager en gaar de crépinettes op matig vuur 10 minuten tot het vlees gaar is. Het vet in het varkensvlies zal langzaam smelten.

6 serveren
Leg het vlees op een bord of een uitlekrooster in een braadslee en bedek het losjes met aluminiumfolie. Laat 5 minuten rusten. Lekker met stevig brood.

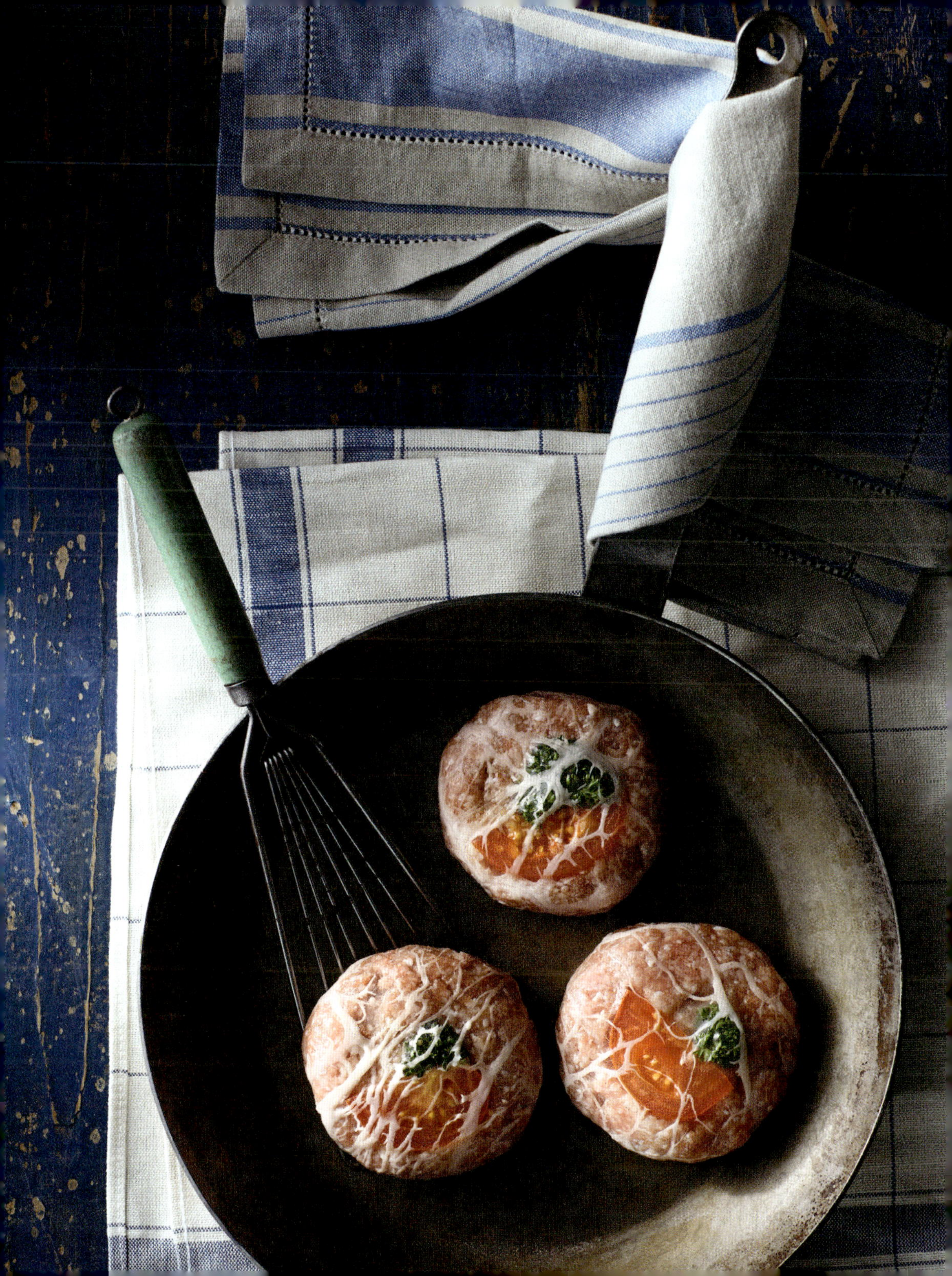

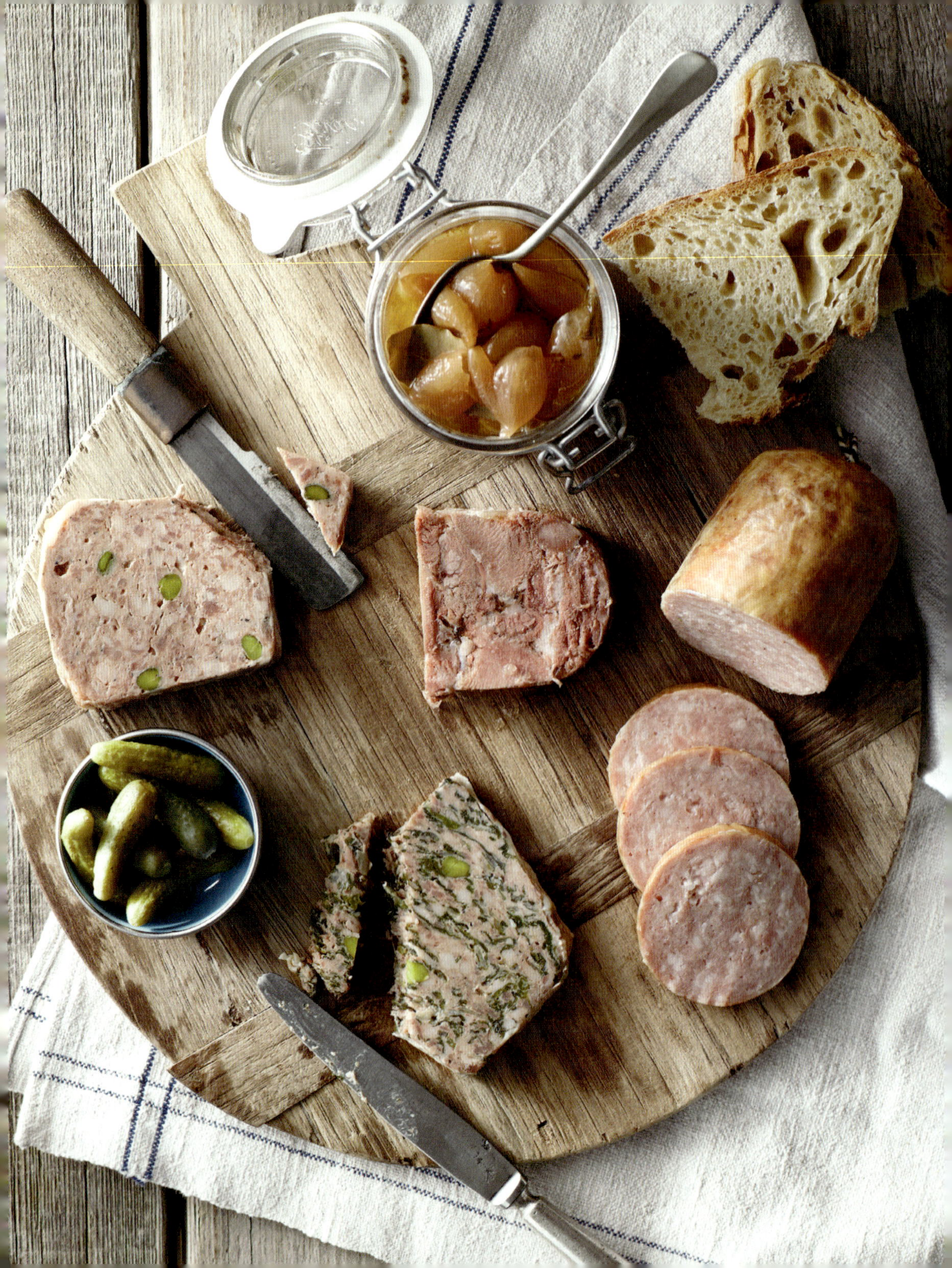

DE KLASSIEKERS
Charcuterie *by* Diny & Floris, met zoetzure uitjes

1. vlees kopen
Maak een keuze uit verschillende soorten paté, worst (droge of gekookte) en/of ham. Ook lekker: rillettes of zure zult (voor verschillende recepten zie hoofdstuk Charcuterie, blz. 83).

2. uitjes
Breng ruim water aan de kook en blancheer de uitjes 1 minuut. Giet de uitjes af en snijd het kontje af. Pel de uitjes maar laat het topje intact. Verwarm in een pan met dikke bodem twee eetlepels olijfolie. Voeg de uitjes toe en wentel ze door de warme maar niet te hete olie. Laat de uitjes onder regelmatig omroeren, een half uur zachtjes doorwarmen, maar zonder ze te laten kleuren. Voeg de azijn toe, de peper, de laurier, de suiker en een snuf zout. Als de uitjes niet onderstaan voeg dan wat water toe. Sluit de pan en laat de uitjes 1 uur op heel laag vuur pruttelen. Ze moeten stevig blijven.

3. siroop
Schep de uitjes uit de pan en zet apart. Kook het vocht in tot een siroopje. Doe de uitjes weer bij het vocht en serveer warm of koud. Je kunt de uitjes met de siroop ook inmaken in weckpotjes; steriliseer de weckpotjes dan 1 uur in een grote pan met kokend water.

4. serveren
Serveer de vleeswaren op het bord en serveer de uitjes, cornichons en het brood er apart bij. Ook lekker met een chutney van bijvoorbeeld perzik.

Voor een lekker bordje charcuterie is weinig nodig. Paté, worst en wat zuur volstaan. Geen zin of tijd om zelf te maken? Spoed je naar de allerbeste slager in de buurt. Je maakt een bordje compleet met dit simpele recept voor zoetzure zilveruitjes van de Amsterdamse Pasteibakkerij van Diny Schouten en Floris Brester.

VOORBEREIDING: 10 MINUTEN
BEREIDING (UITJES): 90 MINUTEN

BOODSCHAPPEN VOOR 4 PERSONEN

vlees, diverse charcuterie van de betere slager
knapperig brood
cornichons

VOOR DE UITJES:
500 gram verse zilveruitjes
olijfolie
5 dl kriekenbierazijn
10 zwarte peperkorrels
2 laurierblaadjes
1 eetlepel suiker
zout

DE KLASSIEKERS
Werry's venkel-salieworst met parelgort

Dit simpele boerse gerecht leerde ik maken tijdens een workshop worstmaken bij Werry van Leeuwen, chef-kok bij Sugar Hill, een Arnhems buurtrestaurant dat iedereen zich om de hoek zou wensen. No-nonsense oer-eten. Met ouderwetse Alkmaarse parelgort.

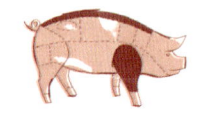

VOORBEREIDING: 1 UUR (INCLUSIEF WORST DRAAIEN)
BEREIDING: 45 MINUTEN

BOODSCHAPPEN VOOR 4 PERSONEN

VOOR DE WORST:
1 varkensdarm, 600 gram magere varkensschouder, 200 gram rugvet, 10 gram zout, 2 theelepels venkelzaad, 2 theelepels piment d' Espelette (of pikant paprikapoeder), handje gesneden verse salie

VOOR DE GORT:
2 uien, 4 tenen knoflook, olijfolie 250 gram Alkmaarse parelgort (gerst), flinke scheut witte wijn, 4 dl bouillon (groente of varken), tijm en rozemarijn, flinke hand olijven (zwart, ontpit), 3 gesneden tomaten, 2 bossen cime di rapa (Cime di rapa, de bladeren van de meirapen, zijn stevig en licht bitter. Je kunt ze vervangen door broccoletti of broccoli), handje geraspte parmezaan

VOOR DE CROUTONS:
in blokjes gesneden (oud) brood knoflook, scheut olijfolie

OOK NODIG:
vleesmolen (of keukenmachine) fijne (4mm) of grove (8mm) plaat, afvultuit

1 kies je vlees
Koop bij een goede slager vlees, rugvet en natuurdarm. Met plaat 8 of hoger krijg je vrij grove worst, met een kleinere plaat een fijner resultaat. Maal eerst het vet. Zorg ervoor dat het vlees goed koud blijft. Meng het gemalen vet en vlees enkele minuten met zout, specerijen en salie tot het een beetje plakkerig voelt. Als je dit niet doet krijg je rul gehakt in de worst. Geen tijd of zin om zelf worst te draaien? Koop verse worst bij je favoriete slager.

2 maak de worst
Stop het gemalen vlees in de worstenpers. Schuif de darm om de worstentuit, vul de darm met het worstvlees en leg er een knoopje in. Leg de worsten in de koeling.

3 croutons
Verhit de olijfolie met een halve bol knoflook. Haal zodra de knoflook de smaak aan de olie heeft afgegeven de knoflook uit de pan (voordat hij verbrand is). Voeg het in blokjes gesneden brood toe aan de olie waarin je ze goudbruin bakt.

4 parelgort
Smoor op laag vuur in de koekenpan de fijngesneden ui en knoflook in de olijfolie tot de ui glazig is. Voeg de overige ingrediënten toe behalve de cime di rapa en de parmezaan. Na een half uurtje stoven is de parelgort gaar (de korrel moet nog een beetje bite hebben). Voeg de fijngesneden cime di rapa toe zodat deze knapperig en groen blijft en gaar nog 1 minuutje door. Voeg vlak voor het serveren de parmezaan toe aan de parelgort en breng op smaak met peper en zout.

5 worst braden
Braad ondertussen de worstjes in een beetje olijfolie of boter (ongeveer 6-7 minuten per zijde) zodat deze gelijk klaar zijn met de parelgort.

6 serveren
Leg de gebraden worstjes op de smeuïge parelgort en strooi de knapperige croutons eroverheen.

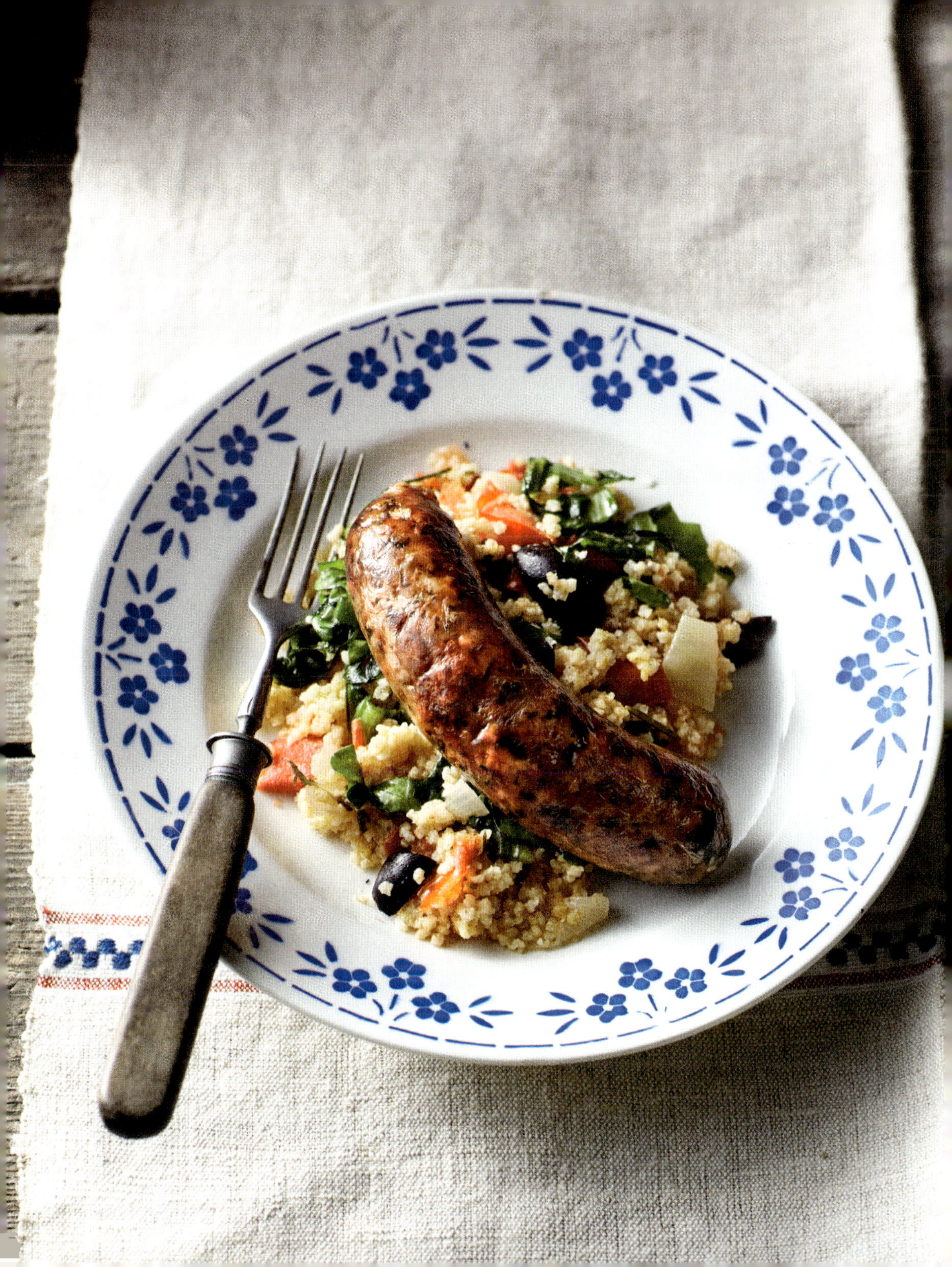

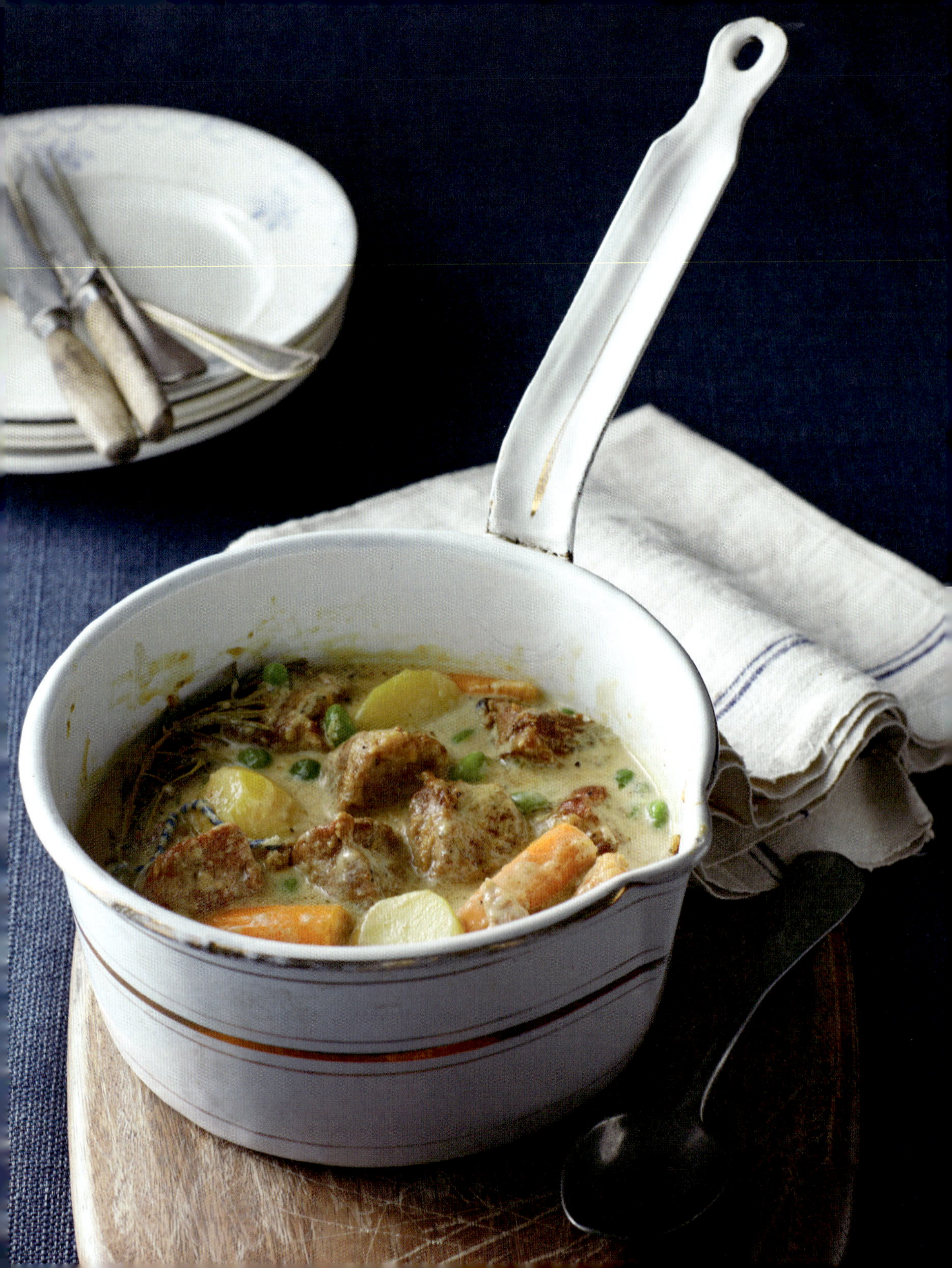

DE KLASSIEKERS
Blanquette de porc

135

1 *kies je vlees*
Vraag de slager om 1 stuk varkensschouder met het nodige vet. Laat het in grove stukken snijden of doe dat later zelf.

2 *aanbakken*
Bestrooi de grove stukken vlees met peper en zout. Even door de bloem halen (overtollig bloem afschudden). Verhit boter in een braadpan op middelhoog vuur tot het schuim begint weg te trekken. Braad het vlees rondom bruin en zet het vuur laag. Laat nog 5 minuten sudderen.

3 *stoven*
Steek de kruidnagels in de ui. Voeg water toe zodat het vlees royaal onder het vocht staat (twee keer de hoogte van het vlees). Voeg de bouillon, ui en bouquet garni toe. Laat 60 minuten rustig stoven, met de deksel schuin op de pan, tot het vlees gaar is. Schep af en toe met een schuimspaan het schuim eraf.

4 *groenten*
Kook (in verschillende kookpannen in lichtgezouten water de aardappelen en worteltjes (circa 20 minuten) en de erwten en tuinbonen (circa 8 minuten) tot ze beetgaar zijn.

5 *saus*
Haal het vlees en het bouquet garni uit de pan. Voeg de slagroom toe en laat het braadvocht op middelhoog vuur tot een romige saus inkoken. Doe het vlees en de beetgare groenten terug in de braadpan om op te warmen (de saus mag niet koken). Voeg op het laatst nog wat citroensap toe.

Een klassieke Franse stoofschotel met varkensschouder, rijkelijk gedompeld in room. Stevige kost, maar ook superrijk aan smaak.

VOORBEREIDING: 20 MINUTEN
BEREIDING: 80 MINUTEN

BOODSCHAPPEN
VOOR 4 PERSONEN

1,2 kilo (doorregen) varkensschouder
peper en zout, versgemalen
1 eetlepel bloem
1 eetlepel boter (of reuzel)
4 kruidnagels
5 dl warme (kippen)bouillon, eventueel van een blokje
1 ui, gepeld
bouquet garni (3 takken tijm, 3 takken peterselie, 2 bladeren laurier, opgebonden)
6 vastkokende aardappelen
6 wortelen
200 gram doperwten
200 gram tuinbonen
3 dl slagroom

DE KLASSIEKERS
Cassoulet *by* Brandt & Levie

Deze traditionele cassoulet, een recept van de makers van Brandt & Levie-worsten, kost even tijd. Maar eenmaal in de oven heb je er nauwelijks omkijken naar. En voor dit recept gebruik je dus geen nepspek of fabrieksworst. Maar de verse knoflook-peterselieworstjes van de heren zelf. Of je draait er natuurlijk zelf een paar.

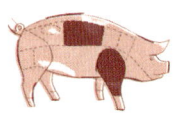

VOORBEREIDING: 40 MINUTEN
BEREIDING: 3 UUR

BOODSCHAPPEN
VOOR 4 PERSONEN

140 gram zwoerd 500 gram gedroogde witte bonen (12 uur weken in drie keer het volume water), 1 stengel bleekselderij, 1 winterpeen, 1 sjalot 8 tenen knoflook, 25 gram reuzel (of ganzenvet of boter), 2 rijpe tomaten (of een blik gepelde tomaten), 1 vers knoflookworstje, 200 gram varkensribben (spareribs, klein formaat) 140 gram gerookt spek, 30 ml rodewijnazijn, versgemalen peper en zout, bouquet garni (3 takken tijm, 3 takken peterselie, 2 bladeren laurier opgebonden), 1 kruidnagel

EN OOK:
40 gram broodkruim (liefst 2 dagen oud brood), 1 teen fijngehakte knoflook, 2 eetlepels olijfolie, 4-6 knoflook-peterselieworstjes, een flinke hand gehakte peterselie

OOK NODIG:
slagerstouw

1 *voorkoken*
Verwarm de oven voor op 120 °C. Rol het stuk zwoerd op en bind het op met slagerstouw. Doe het zwoerd en de bonen in een kookpan, bedek met ruim water en breng aan de kook. Giet de bonen en het zwoerd na 20 minuten af en zet beide apart (het kookwater mag je weggooien).

2 *snijden*
Snijd alle groenten in grove dobbelstenen en hak de tomaat fijn. Snijd de varkensribben per twee los. Snijd het spek in kleine blokjes.

3 *aanfruiten*
Zet een zware (braad)pan op laag vuur en fruit alle groenten, sjalot en knoflook in de reuzel (of boter). Voeg na ongeveer vijf minuten de tomaat toe en daarna de worst, bonen, het zwoerd, de ribbetjes en het spek. Voeg ongeveer een liter water toe en breng het geheel aan de kook. Schep af en toe met een schuimspaan het schuim eraf. Breng op smaak met de azijn, zout en peper en voeg ook het bouquet garni en de kruidnagel toe.

4 *garen*
Zet de (braad)pan in de oven en roer om het half uur om. Proef na twee uur. De bonen moeten gaar zijn en alle sappen moeten flink zijn ingedikt. Als het geheel niet gaar is, ga je een half uur langer door. Als het geheel te droog wordt, voeg je nog wat water toe. Haal op het einde de zwoerd uit de pan. Die heeft zijn werk gedaan.

5 *broodkruim*
Haal de (braad)pan uit de oven en verdeel het broodkruim en gehakte knoflook over de cassoulet. Besprenkel met olijfolie en gaar het geheel nog circa een half uur in de oven tot het broodkruim goudbruin is. Bak ondertussen de worstjes gaar. Serveren in diepe borden met de peterselie erover.

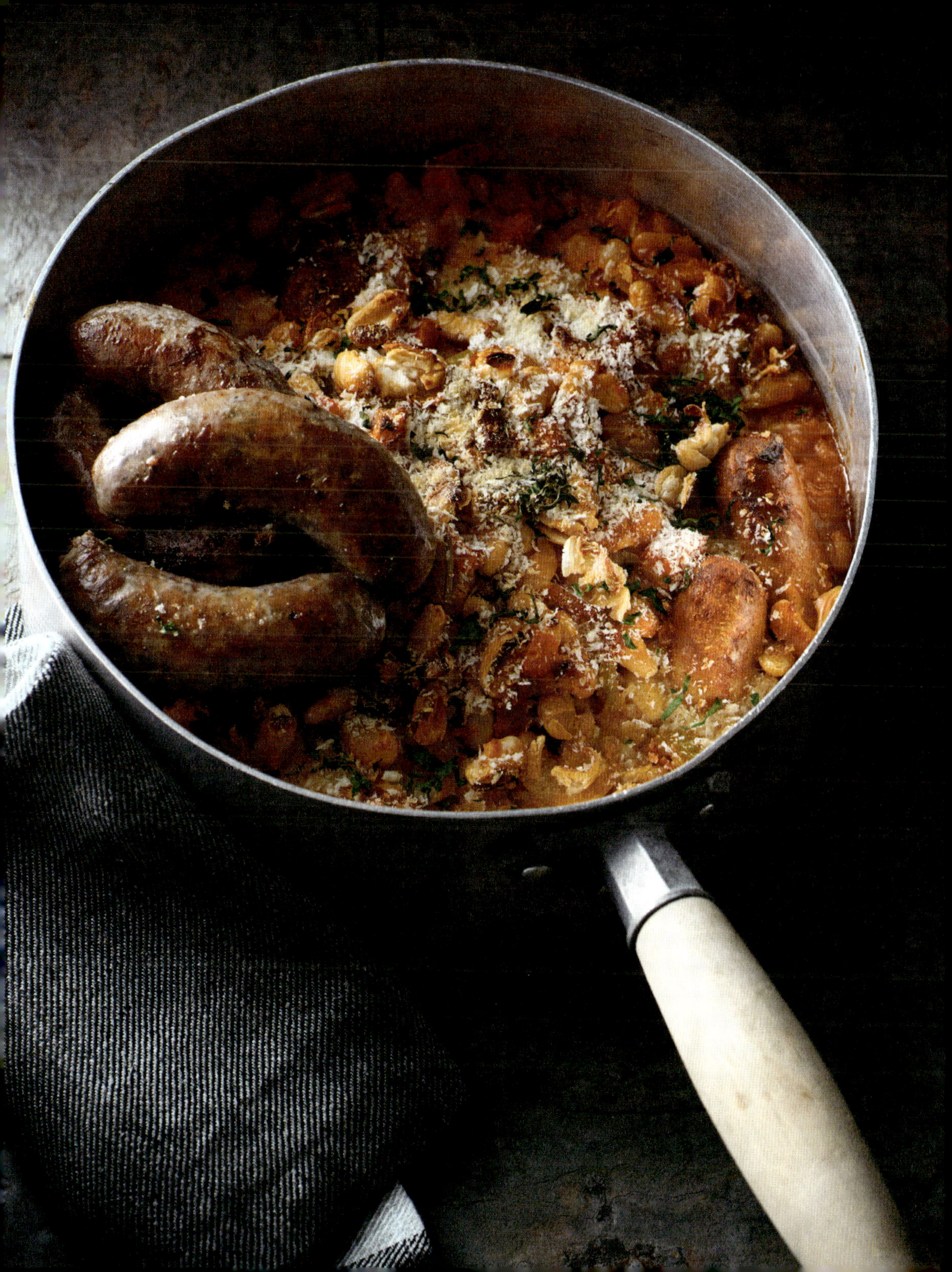

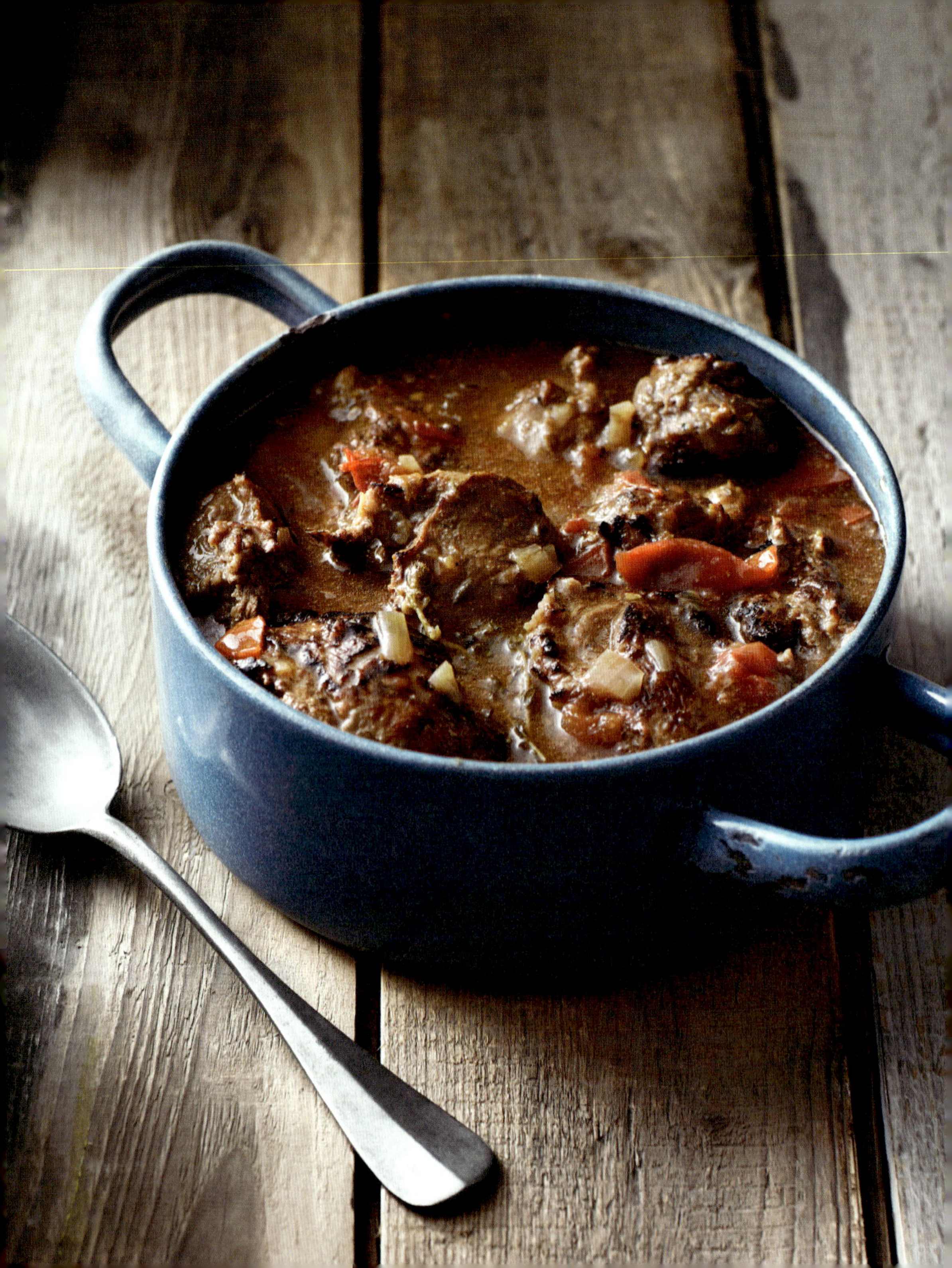

DE KLASSIEKERS
Oud-Hollands gestoofde varkenswangetjes

139

1 kies je vlees
Vraag de slager om varkenswangetjes. Heeft hij ze niet, vraag of je ze kunt bestellen. Kan dat niet, neem subiet een andere slager.

2 marineren
Verwarm de oven voor op 150 °C. Meng de stroop, mosterd, azijn en twee eetlepels bier tot een marinade. Bestrooi het vlees royaal met zout en peper en leg in een schaal. Masseer de marinade goed door en in de wangetjes. Gebruik eventueel een kwast om de marinade gelijkmatig over het vlees te verdelen. Dek de ovenschaal af met plasticfolie en laat het vlees in de koelkast minimaal drie uur marineren (langer is nog beter).

3 dichtschroeien
Snijd de knoflook, ui en tomaten fijn. Verhit de boter en de olie in de koekenpan op middelhoog vuur tot het schuim begint weg te trekken. Schroei het vlees rondom dicht tot het goudbruin wordt. Voeg de knoflook, ui en tomaten toe en bak deze 3-4 minuten mee. Voeg de rest van het bier toe. Zet het vuur laag zodat het vlees suddert in het vocht. Voeg vervolgens de tijm toe.

4 oven
Zet het vlees in een ovenvaste koekenpan in de oven (of doe het eerst in een braadslee) en gaar 60 minuten op 150 °C. Zet de oven op 100 °C. Stoof nog circa 1 uur tot het vlees gaar is en bijna uit elkaar valt.

5 serveren
Haal het vlees uit de pan. Voeg eventueel wat bloem toe en roer door de saus om deze te binden. Lekker met bijvoorbeeld gekookte aardappelen in de schil en rode bietjes.

Steeds vaker gezien op de menukaart in hippe horeca: varkenswangetjes. Dit tot voor kort ondergewaardeerd supermalse stukje varkensvlees leent zich bij uitstek voor slow cooking. Gebruik vrij vet varkensvlees zoals van 't Helder varken.

VOORBEREIDING: 15 MINUTEN
BEREIDING: 130 MINUTEN
MARINEREN: 180 MINUTEN

BOODSCHAPPEN
VOOR 4 PERSONEN

500 gram varkenswangetjes
1 eetlepel stroop
1 theelepel mosterd
2 theelepels azijn
1 flesje donker bier, bijv. trappist
peper en zout versgemalen
1 grote ui
2 teentjes knoflook
3 tomaten
1 eetlepel boter
1 eetlepel (arachide)olie
6 takjes tijm

DE KLASSIEKERS
Eenvoudig varkensribstuk met groenten uit de oven

Een varkensribstuk uit de oven met lekker knapperig zwoerd ziet er altijd feestelijk uit. Vraag om een ribstuk met ribben uit het eerste deel gezien vanaf de schouder (rib 1 tot en met bijvoorbeeld 4 of 5), die zijn het sappigst. Met een kernthermometer kan dit gerecht niet mislukken.

VOORBEREIDING: 25 MINUTEN
BEREIDING: 60 MINUTEN

BOODSCHAPPEN VOOR 4 PERSONEN

1 ribstuk met minimaal 6 ribben, circa 1,8 kilo, met zwoerd
peper en zout, versgemalen
olie
8 tenen knoflook, in dunne plakjes gesneden
6 takjes rozemarijn, fijngehakt
12 blaadjes salie, fijngehakt
1 eetlepel reuzel (of boter)
2 dl witte wijn
6 kleine sjalotten (of 3 grote in de lengte in tweeën gesneden)
6 stelen bleekselderij, in stukken van 8 cm
6 bospeentjes
6 (kleine) meiknolletjes

OOK NODIG:
braadslee
rooster (optioneel)

1 kies je vlees
Vraag om een ribstuk, met zwoerd, met 6 ribben (reken 1 rib per persoon). Hoe meer naar de lende (onderrug) hoe magerder, richting de schouder zit meer vet. Vraag de slager of hij het vlees tussen de ribben wegsnijdt zodat het bot er mooi uitsteekt.

2 vlees voorbereiden
Haal het vlees minimaal een half uur van tevoren uit de koelkast om op kamertemperatuur te komen. Verwarm de oven voor op 180 °C. Kerf de speklaag in met een vlijmscherp (stanley)mes zodat een ruitpatroon ontstaat (circa 1 cm tussenruimte) – of laat je slager dit doen. Snijd alleen het zwoerd en het vet in en niet het onderliggende vlees. Wrijf het ribstuk in met peper, zout en olie (ook in de inkepingen en holtes). Stop in elke inkeping een dun plakje knoflook en wat fijngehakte kruiden.

3 aanbraden
Verhit de reuzel (of boter) in de koekenpan op middelhoog vuur tot het schuim begint weg te trekken. Schroei het ribstuk rondom dicht tot het goudbruin wordt. Als je fornuis groot genoeg is kun je ook direct aanbraden in een braadslee. Giet de witte wijn over het vlees en voeg de sjalotten en bleekselderij toe. Zet het vlees in de braadslee in de oven met de vetlaag naar boven. Plaats eventueel eerst een rooster in de braadslee om het ribstuk op te leggen zodat ook de onderkant gelijkmatig gaart.

4 braden
Gaar het vlees 25 minuten in de oven. Voeg de overige groenten toe en laat nogmaals circa 25 minuten garen. Verplaats het vlees op de groenten. Giet er nog wat water bij als de groenten er te droog uit gaan zien en om te voorkomen dat ze aanbranden. Bedruip tussentijds enkele keren met het braadvocht. Het vlees moet niet te droog worden. Een kernthermometer biedt houvast. Bij een kerntemperatuur van 58–60 °C is het vlees nog net roze.

5 rusten & serveren
Haal de braadslee uit de oven. Dek hem af met aluminiumfolie en laat 10 minuten rusten. Leg het vlees op een snijplank en snijd voor iedereen 1 flink rib af. Serveren met de groenten.

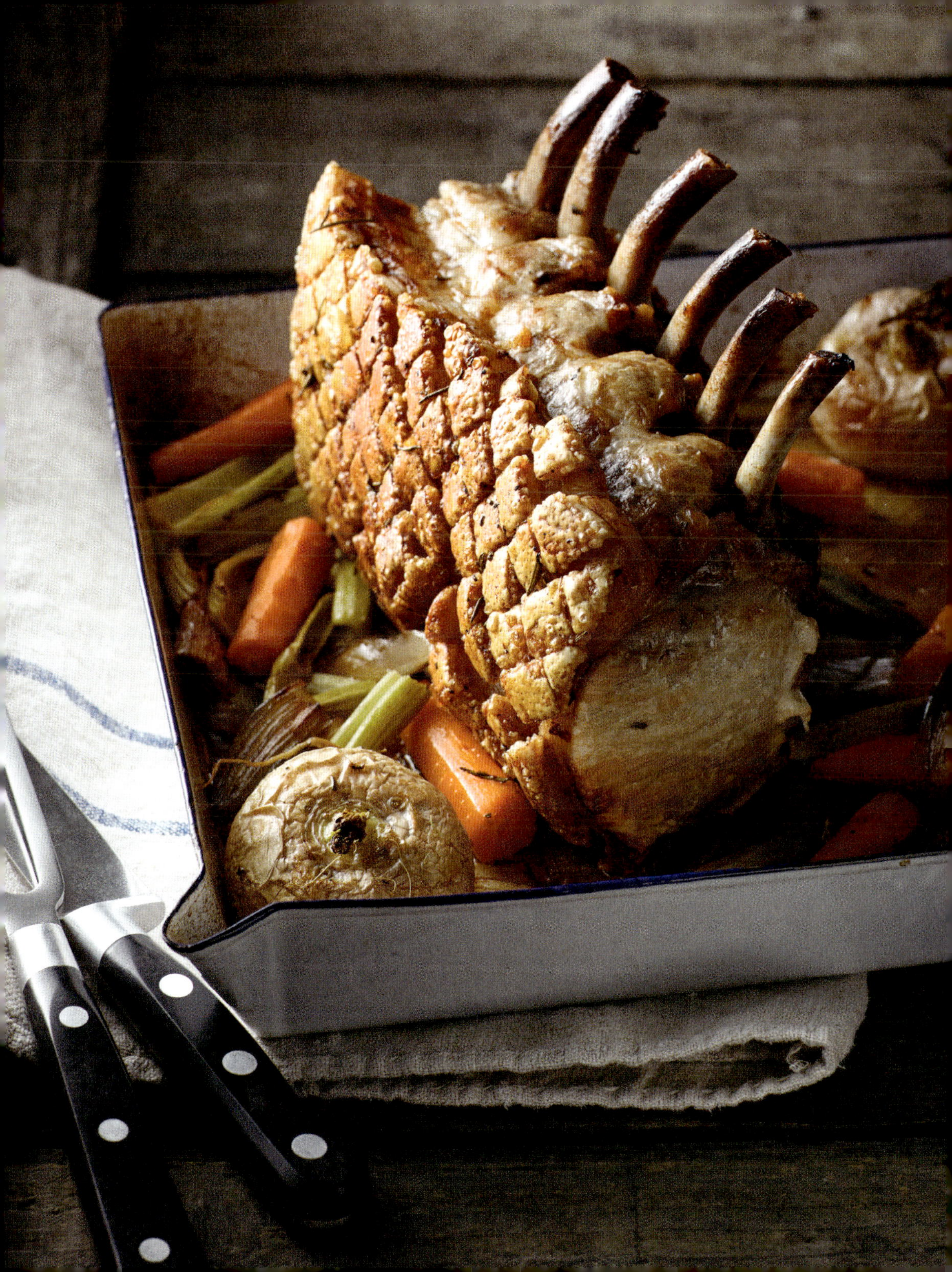

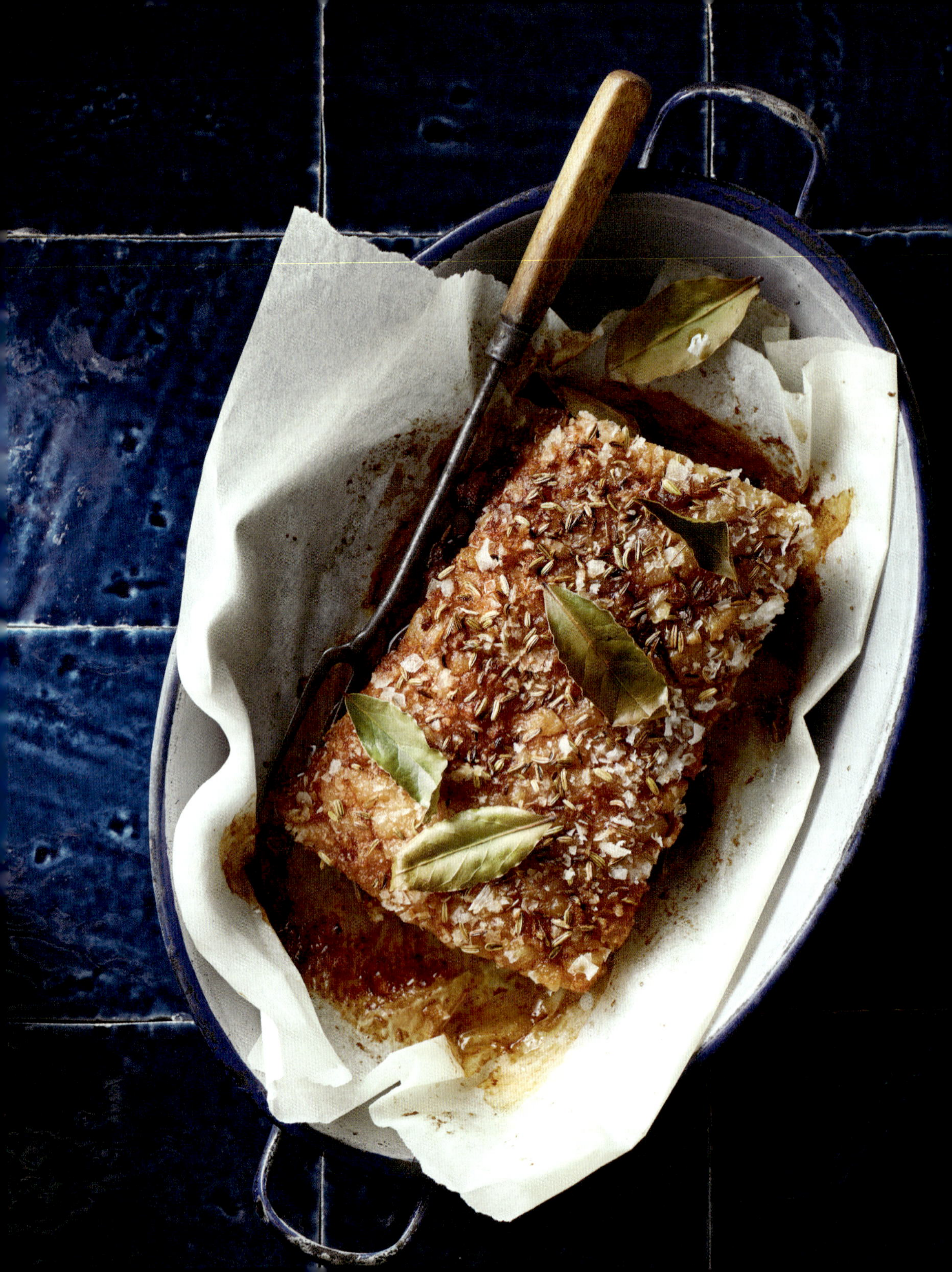

DE KLASSIEKERS
Krokant gegaard buikspek met mierikswortel

143

1 kies je vlees
Vraag de slager naar een mooi stuk buikspek (ofwel varkensbuik). Mooi doorregen. Ofwel vet met het nodige vlees eraan.

2 kruiden
Kerf in het vet met een scherp mes een ruitpatroon. Wrijf het spekstuk in zijn geheel in met zout en venkel. Duw de laurierbladeren in de inkervingen van het spek.

3 droogzouten
Wikkel het spekstuk strak in een schone theedoek en leg het in een passende schaal in de koelkast. Leg er iets zwaars op (bijvoorbeeld een fles). Indien je beschikt over een vacumeermachine kun je het vlees ook vacumeren. Laat minimaal 24 uur staan, maar 2 of 3 dagen is nog beter. Het zout geeft het vlees extra smaak en onttrekt er vocht aan waardoor het spek later knapperiger wordt.

4 garen
Verhit de oven op 170 °C, leg het spekstuk op een bakplaat gedurende circa 90 minuten in de oven tot de bovenkant knapperig en goudbruin is en het vlees helemaal gaar (70 °C kerntemperatuur).

5 saus
Maak intussen de saus. Schil de verse mierikswortel met een dunschiller en rasp hem op een fijne rasp. Je kunt ook de keukenmachine gebruiken. Meng de geraspte mierikswortel met de andere ingrediënten en breng op smaak met peper en zout.

6 serveren
Laat het vlees nadat je het uit de oven hebt gehaald op een rooster nog 10 minuten onder aluminiumfolie rusten. Serveren met de mierikswortel apart erbij.

Een van mijn favoriete eetadressen is Aan de Amstel, een kleine table d'hôte van culinair duizendpoot Yvette van Boven. Een van haar klassiekers is deze drooggezouten varkensbuik. Een lekkere vette hap, met de friszure mierikswortelsaus als fijn contrast.

VOORBEREIDING: 15 MINUTEN
BEREIDING: 90 MINUTEN
DROOGZOUTEN: MINIMAAL 24 UUR

BOODSCHAPPEN VOOR 4 PERSONEN

1 kilo buikspek, aan een stuk, zonder zwoerd
50 gram grof zeezout
2 eetlepels venkelzaad
12 laurierbladeren

SAUS:
1 stuk verse mierikswortel (of 2 eetlepels uit een potje)
1 dl zure room
sap en rasp van ½ citroen
peper en zout, versgemalen

DE KLASSIEKERS
Varkenshaas met calvados, brie en gebakken appeltjes

Deze varkenshaas maak je met calvados, brie en gebakken appeltjes. Een heilige drie-eenheid als het gaat om combinaties met varkensvlees. Het vlees mooi zacht rosé garen.

1 kies je vlees
Vraag de slager naar een stuk lange haas van circa 1,2 kilo.

2 bakken
Haal het vlees minimaal een half uur van tevoren uit de koelkast om op kamertemperatuur te komen. Bestrooi de varkenshaas met peper en zout. Verhit boter in de pan op middelhoog vuur tot het schuim begint weg te trekken. Bak het vlees rustig rondom bruin. Bak de varkenshaas op matig vuur circa 20-25 minuten tot het bruin en gaar is. Het vlees moet lichtroze zijn vanbinnen (kerntemperatuur 58-60 °C). Haal het vlees uit de pan en laat circa 10 minuten rusten op een rooster, losjes afgedekt met aluminiumfolie.

3 rusten & serveren
Zet de pan terug op het vuur. Blus de pan met de calvados, roer de aanbaksels los, voeg de room en de brie toe en laat lekker smelten tot een lobbige saus. Bak in een andere koekenpan ondertussen de appelpartjes in wat roomboter. Maak de saus af met de mosterd, peper en zout. Haal het vlees uit de pan en leg op een schaal. Snijd de varkenshaas in plakken en serveer de saus er apart bij.

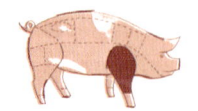

VOORBEREIDING: 5 MINUTEN
BEREIDING: 30 MINUTEN

BOODSCHAPPEN
VOOR 4 PERSONEN

1 varkenshaas van 1,2 kilo
peper en zout, versgemalen
boter
scheut calvados
2,5 dl room
150 gram brie
1 theelepel dijonmosterd
2 appels, in parten gesneden

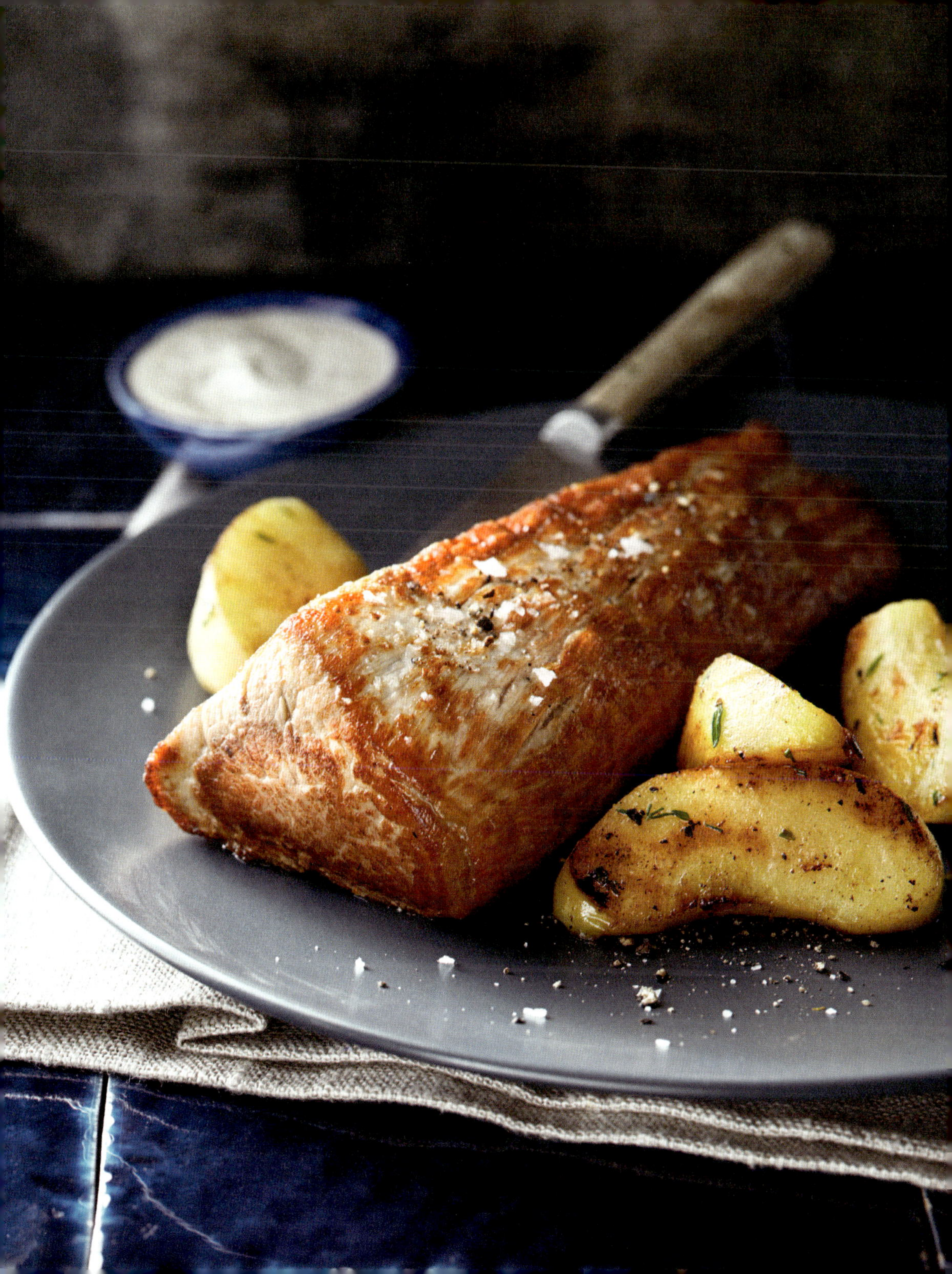

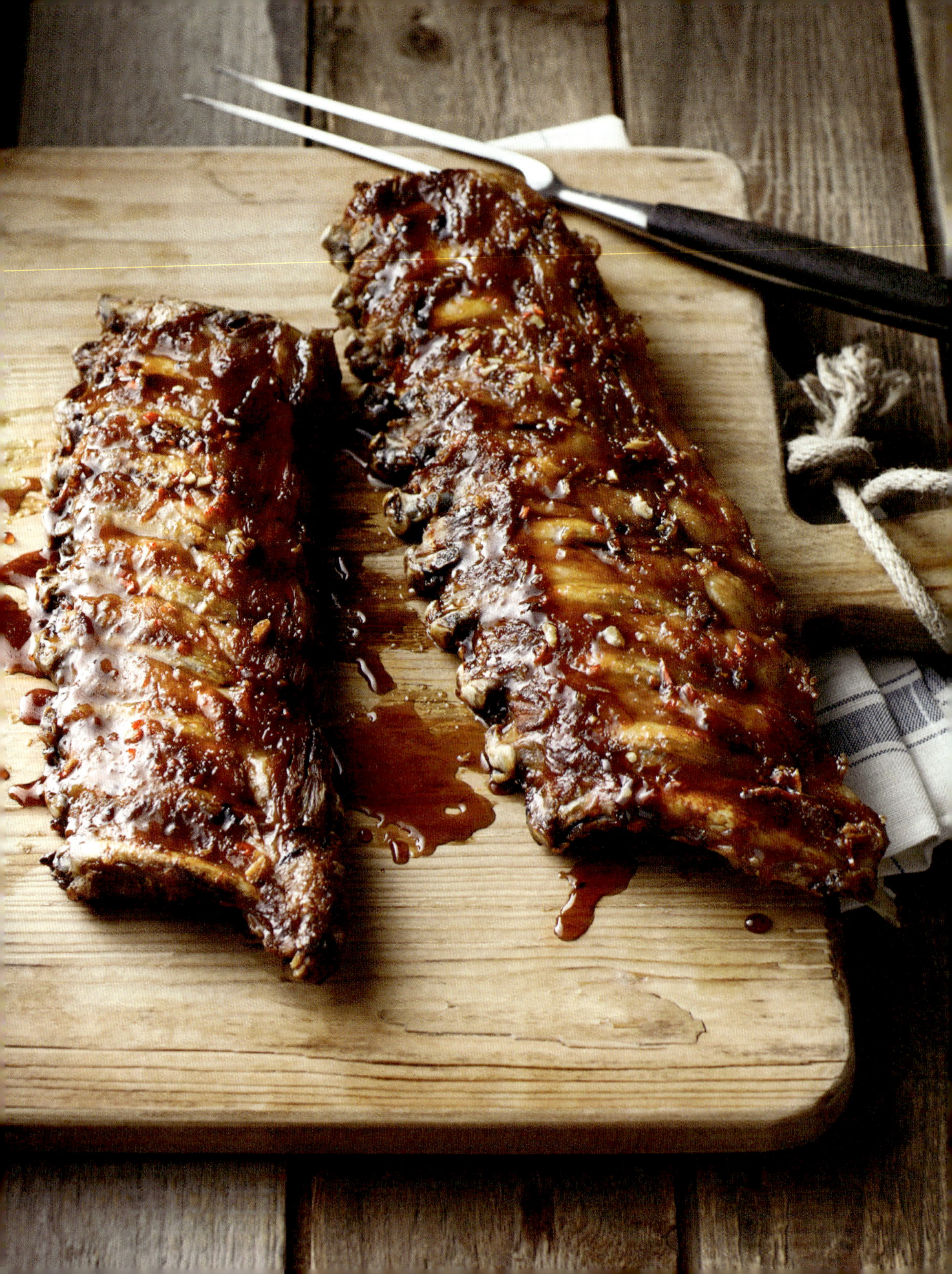

DE KLASSIEKERS
Zoetzure gelakte spareribs

1 kies je vlees
Vraag de slager naar spareribs met een goede verdeling vlees/vet. Het best verkrijgbaar zijn spareribs uit het ribstuk. Ze zijn wat kleiner en hebben mals vlees. Buikspareribs zijn minder makkelijk te krijgen. Zij zijn wat groter en hebben wat meer vet en smaak. De bereidingstijd is iets langer.

2 vlees voorbereiden
Spoel de spareribs af onder stromend water om losse splinters en gruis te verwijderen. Breng een pan met de bouillon aan de kook en kook de spareribs op matig vuur 30 minuten voor. Haal de spareribs uit de pan en dep ze droog. Laat het vlees afkoelen. Roer de ingrediënten voor de marinade door elkaar. Snijd de spareribs op lengte zodat ze in een schaal passen. Bestrijk de spareribs met het honingmengsel. Leg het vlees in de schaal en dek af met plasticfolie. Laat ten minste 8 uur in de koelkast marineren (langer is lekkerder).

3 garen
Verwarm de oven voor op 125 °C. Haal het vlees uit de schaal en laat het kort uitlekken. Gaar de spareribs circa zestig minuten in de oven. Draai de spareribs regelmatig en bestrijk ze tussentijds enkele keren met marinade. Dek het vlees als het te snel kleurt onder de grill af met aluminiumfolie (of oven lager zetten). Zet na een uur de oven op 220 °C. Laat nog 15 minuten garen tot er een knapperig korstje op het vlees komt. In plaats van in de oven kun je de (voorgekookte) spareribs ook circa 45 minuten op een matig hete barbecue grillen tot ze goudbruin en knapperig zijn.

4 serveren
Serveren op een grote schaal. Lekker met frieten of gepofte aardappel.

De perfecte spareribs zuig je van het bot en kleven aan je handen. Met dit recept, met een aangename zoetzure *wet rub* met honing, azijn en verse kruiden, zit je altijd goed.

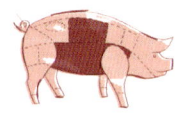

VOORBEREIDING: 10 MINUTEN + 30 MINUTEN VOORGAREN
BEREIDING: 75 MINUTEN
MARINEREN: MINIMAAL 8 UUR

BOODSCHAPPEN VOOR 4 PERSONEN

1,5 kilo spareribs, uit het ribstuk
3 liter (groente)bouillon

MARINADE:
3 dl honing
0,5 dl azijn
3 tenen knoflook, fijngehakt
½ chilipeper, fijngehakt
2 takjes rozemarijn, fijngehakt
4 takjes tijm, fijngehakt
2 cm gember, fijngehakt
peper en zout, versgemalen

DE KLASSIEKERS
Varkensrollade met sinaasappelsaus

De lekkerste rollade is gemaakt van een fraai doorregen schouder. Dan weet je zeker dat het vlees niet te snel uitdroogt. Met deze eenvoudig te maken sinaasappelsaus zet je een echte klassieker op tafel.

1 kies je vlees
Vraag de slager om van 1 kilo schouderfilet een rollade te maken (of rol en knoop er zelf een). Wil je iets magerder, kies dan voor lendefilet.

2 kruiden
Wrijf de rollade in met peper, zout en de sinaasappelrasp.

3 aanbraden
Verhit de boter in de koekenpan op middelhoog vuur tot het schuim begint weg te trekken. Schroei de rollade rondom dicht tot het goudbruin wordt. Braad de rollade op lager vuur gedurende circa 1 uur gaar, met de deksel schuin op de pan. Keer de rollade regelmatig. Bij een kerntemperatuur van 58-60 °C is de rollade mooi lichtroze vanbinnen. In plaats van braden in de koekenpan, kun je de rollade na het aanbraden ook gedurende circa 1 uur garen in een braadslee in de oven op 180 °C. Bedruip de rollade regelmatig zodat het vlees lekker sappig blijft.

4 rusten & serveren
Haal het vlees uit de pan (of braadslee) en laat het rusten op een rooster, losjes afgedekt met aluminiumfolie. Zet de pan terug op het vuur en voeg al roerend beetje bij beetje de bloem toe aan het braadvocht. Voeg de bouillon en het sinaasappelsap toe, terwijl je blijft roeren en een gladde saus ontstaat. Roer de mosterd door de saus en laat enkele minuten zachtjes doorkoken. Serveer de rollade in plakken met de saus er apart bij.

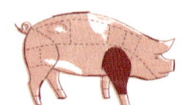

VOORBEREIDING: 10 MINUTEN
BEREIDING: 60 MINUTEN

BOODSCHAPPEN VOOR 4 PERSONEN

1 kilo schouderrollade
peper en zout, versgemalen
geraspte schil en sap van 1 sinaasappel
boter
50 gram bloem
2 dl bouillon
2 theelepels grove mosterd

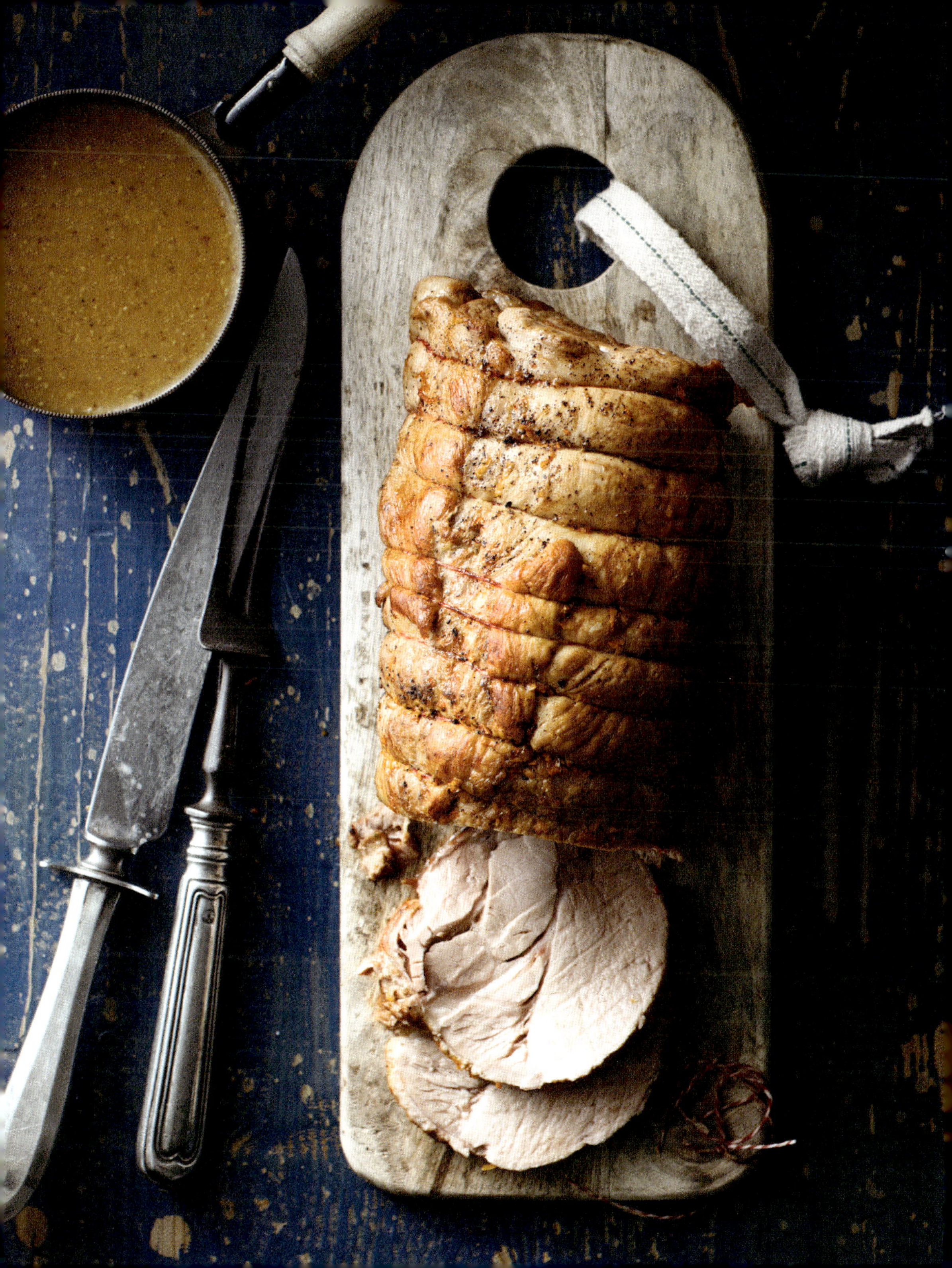

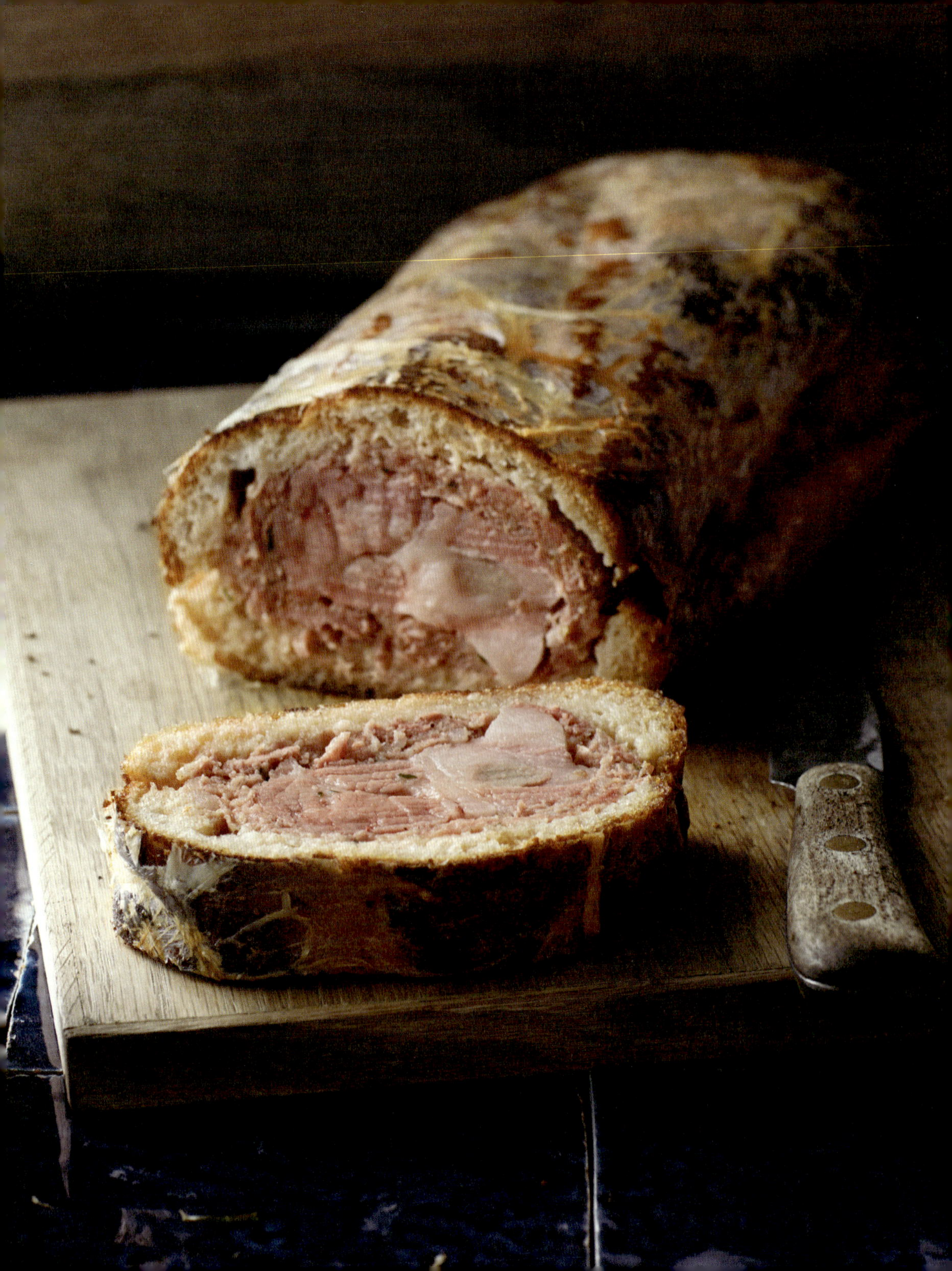

DE KLASSIEKERS
Reuzensaucijs

151

1 kies je vlees
Vraag de slager om een stuk varkensnek (procureur) met een diameter van ± 7 cm en 30 cm lang. Leg het vlees minimaal 6 uur en maximaal 12 uur in een bak met de pekel. Zorg dat het vlees onderstaat en de pekelbak is afgesloten. Je kunt ook de slager vragen om het vlees te pekelen. De worstvulling maak je van de nek (meer vet) of de schouder (magerder).

2 worst
Haal het vlees uit de pekel en dep droog met keukenpapier. Maak nu het worstvlees. Snijd het vlees en het rugspek in repen. Laat het vlees en het spek goed koelen, bijvoorbeeld door het 10 minuten in de vriezer te leggen. Maal het vlees en het spek daarna in de gehaktmolen 2 keer door een grove plaat (plaat 8 of hoger). Voeg zout, specerijen en water toe. Even goed mengen met de hand zodat het vlees een beetje binding krijgt. Rol het worstvlees uit tussen plasticfolie dat licht is bestreken met olie, tot een plak waar je het gepekelde procureurstuk in kunt rollen, ongeveer 1,5 cm dik. Rol het worstvlees strak om het procureurstuk en zet in de koeling minimaal 1 uur te rusten.

3 brood
Verwarm de oven voor op 160 °C. Snijd het brood overlangs doormidden en pluk met je vingers het broodkruim eruit. Leg het vlees met worstvulling voorzichtig op de onderste helft en klap dicht met de bovenste helft van het brood. Wikkel het brood in het varkensnet. Bind het brood op met slagerstouw zodat de twee brooddelen goed op elkaar blijven zitten.

4 garen
Leg het brood op een braadslee en gaar het circa 1,5 uur in de oven tot het brood mooi bruin is en het vlees een kerntemperatuur van circa 68 °C heeft bereikt.

5 rusten
Haal het vlees uit braadslee en laat het circa 10 minuten rusten op een rooster, losjes afgedekt met aluminiumfolie. Serveer de supersaucijs in dikke plakken. Lekker met verse of gedroogde bonen, geroosterde groenten en aardappelen.

Maiale in crosta di pane heet dit gerecht in Italië. Ofwel: een varkensnek in broodkorst. Het idee: het sappige braadvet van het vlees bedruipt de krokante broodkorst. Met dank aan chef Sander Overeinder (restaurant As) die dit supergerecht regelmatig op de kaart heeft staan.

**VOORBEREIDING: 15 MINUTEN
+ 6-12 UUR PEKELEN + 1 UUR RUSTEN
BEREIDING: 135 MINUTEN**

**BOODSCHAPPEN
VOOR 4 PERSONEN**

1,5 kilo procureurstuk, met een diameter van ± 7 cm en 30 cm lang
200 gram varkensnet
1 langwerpig boerenbrood

WORST:
700 gram varkensnek of -schouder
300 gram rugspek
10 gram zout
2 gram nitrietzout
4 gram zwarte peper
2 gram venkelzaad
1 gram cayennepeper
1 eetlepel koud water

VOOR DE PEKEL:
2 liter water, 140 gram zout (of nitrietzout) en 20 gram suiker opkoken en af laten koelen. Eventueel laurier, sinaasappelschil, korianderzaad en peperkorrels toevoegen.

OOK NODIG:
slagerstouw
braadslee

DE KLASSIEKERS
Pulled pork met gepofte knoflook

Pulled pork is uit elkaar getrokken vlees van een langgegaard stuk varkensvlees, zeg maar een soort draadjesvlees. Je kunt het maken van een ham of varkenskop, maar mijn favoriet is de schouder van een vet varkentje als de Duke of Berkshire. Lang garen in de oven.

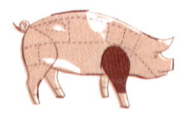

VOORBEREIDING: 15 MINUTEN
BEREIDING: 240 MINUTEN

BOODSCHAPPEN
VOOR 4 PERSONEN

1 kilo varkensschouder
1,5 dl tomatenketchup
1 dl wittewijnazijn
1 dl (kippen)bouillon
50 gram basterdsuiker
1 eetlepel fijne Franse mosterd
1 eetlepel worcestersaus
1 theelepel chilipoeder
1 theelepel gedroogde tijm (of fijngehakte verse tijm)
1 ui, in ringen gesneden
2 bollen knoflook
1 eetlepel olijfolie
3 takjes verse tijm
1 brood (gesneden of als bol)

1 kies je vlees
Vraag de slager om een mooi stuk varkensschouder (in grote stukken).

2 garen
Verwarm de oven voor op 140 °C. Leg het vlees in een braadslee. Meng de tomatenketchup met de wijnazijn, bouillon, suiker, mosterd, worcestersaus, chilipoeder en gedroogde tijm. Voeg de ui toe aan het mengsel en giet over het vlees. Dek de braadslee af met aluminiumfolie en laat circa 3 uur garen in de oven tot je het vlees makkelijk in draadjes uiteen kunt trekken (de kerntemperatuur moet minimaal 70 °C zijn). Zet de braadslee nog 30 minuten zonder folie in de oven en keer het vlees af en toe om. Schep het vlees uit het stoofvocht en laat afkoelen.

3 knoflook poffen
Zet de oven op 180 °C. Halveer de bollen knoflook overlangs, leg ze op een stuk aluminiumfolie, besprenkel met olijfolie en leg er enkele takjes verse tijm bij. Vouw de folie losjes dicht, zodat er nog wat lucht inzit, en leg het pakketje in een ovenschaal. Laat de knoflook in circa 45 minuten gaar poffen. Neem de knoflook uit de oven en laat afkoelen.

4 serveren
Pluk het vlees in draadjes uit elkaar met behulp van twee vorken. Rooster het brood even kort in een koekenpan (of gebruik een broodrooster). Besmeer het brood met de zachte inhoud van de gepofte knoflook en beleg met pulled pork. Lekker met augurken en groene salade.

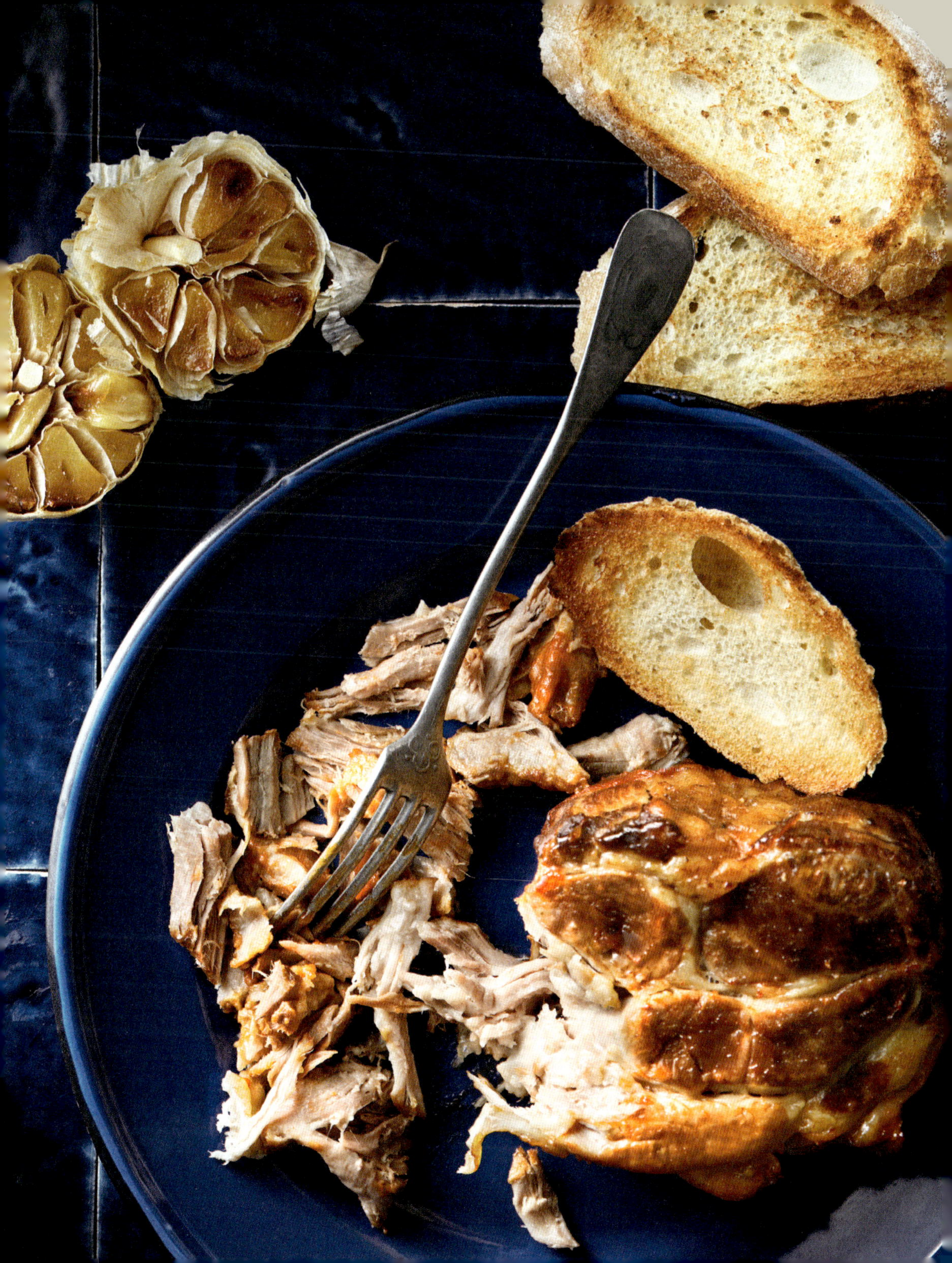

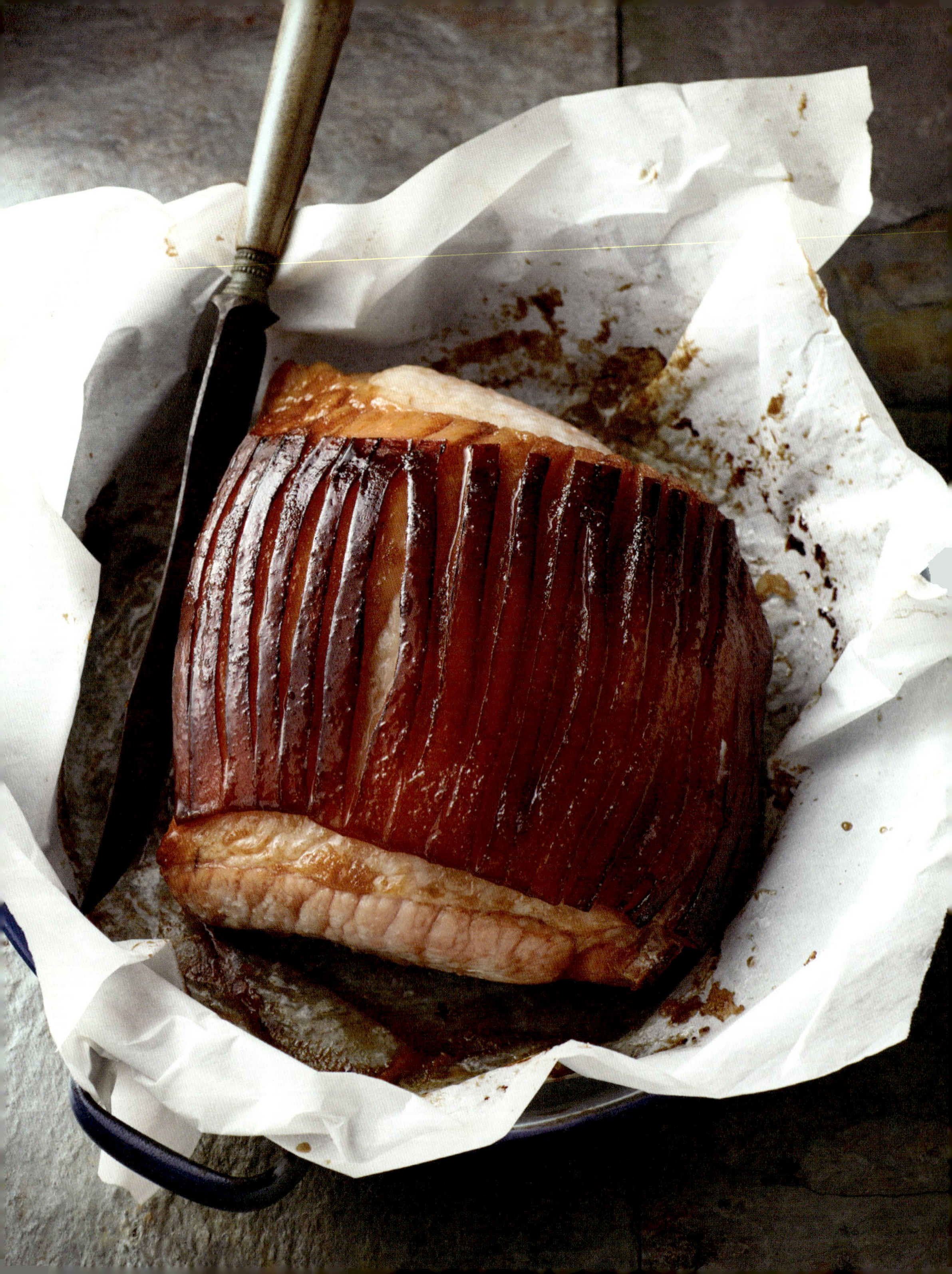

DE KLASSIEKERS
Gebraden hammetje uit de oven

De Britten zijn er gek op: een gelakt hammetje uit de oven. Met deze marinade van honing en whisky krijg je een perfecte goudbruine knapperige korst.

1 vlees kopen
Vraag de slager naar een goede ham, een stuk met zwoerd, om in de oven te braden.

2 kruiden
Verwarm de oven voor op 180 °C. Snijd met een scherp mes het zwoerd over de breedte in (circa 1 cm tussenruimte). Snijd in tot de vetrand (niet tot in het vlees). Wrijf de ham rondom goed in met peper en zout, ook in de inkepingen.

3 braden
Haal het vlees minimaal een half uur van tevoren uit de koelkast om op kamertemperatuur te komen. Verhit boter in een koekenpan op middelhoog vuur tot het schuim begint weg te trekken. Bak het vlees rustig rondom bruin.

4 oven
Leg het vlees in een braadslee op een rooster met de zwoerdzijde naar boven. Braad de ham in 90 minuten gaar. Roer de ingrediënten voor de marinade door elkaar. Begin circa 30 minuten voor het einde de ham rondom in te smeren met de marinade. Herhaal dit enkele keren om een mooie krokante korst te krijgen. De ham mag vanbinnen lichtroze zijn (kerntemperatuur 58-60 °C).

5 rusten & serveren
Haal het vlees uit de braadslee en laat circa 10 minuten rusten op een rooster, losjes afgedekt met aluminiumfolie. Serveer de ham in dunne plakken.

VOORBEREIDING: 10 MINUTEN
BEREIDING: 90 MINUTEN

BOODSCHAPPEN VOOR 4 PERSONEN

1 ham van 1,5 kilo, met zwoerd
peper en zout, versgemalen
boter

MARINADE:
2 dl whisky
1 dl honing
50 gram bruine suiker
1 theelepel mosterdpoeder

OOK NODIG:
braadslee, rooster

DE KLASSIEKERS
Ham in hooi *by* Speijkervet

Traditioneel wordt een 'ham in hooi' eerst gepekeld (droog of nat), dan kort gekookt en heel langzaam gegaard in een kist gevuld met hooi. Deze variant van restaurant Speijkervet combineert de hooibereiding met een andere klassieker: varkensbout in zoutkorst in de oven. Zo krijg je ook de specifieke hooi-smaak, maar dan een stuk sneller. En je maakt het spannender met verse kruiden en specerijen.

DROOGZOUTEN: 24 UUR
VOORBEREIDING: 15 MINUTEN
BEREIDING: 60 MINUTEN

BOODSCHAPPEN VOOR 8 PERSONEN

peper en zeezout, versgemalen

HOOI-ZOUTMENGSEL:
½ bos tijm
½ bos rozemarijn
1 bos salie
1 bol knoflook, grof gehakt
8 kruidnagels, gekneusd
2 eetlepels korianderzaad, gekneusd
2 eetlepels zwarte peperkorrels, gekneusd
2 eetlepels jeneverbessen
6 laurierblaadjes
1 kg grof zeezout
biologisch hooi (uit de dierenwinkel)
1 glas witte wijn
1 eetlepel olie

1 *kies je vlees*
Een ham van de bout is over het algemeen een mager deel en dus gauw droog. Daarom is het zaak om een mooi gemarmerde bout te vinden van bijvoorbeeld een Bonte Bentheimer, Ibérico- of Durocvarken. Als deze niet aanwezig zijn, is het ook mogelijk om een doorregen procureur te bestellen.

2 *zouten van de ham*
Wrijf de bout, het liefst een dag van tevoren, rondom in met zeezout en gemalen peper. Wikkel het vlees strak in een theedoek of plasticfolie (of in vacuüm indien je een machine hebt) en leg het in de koelkast zodat het zout in kan trekken.

3 *hooi-zoutmengsel*
Doe alle kruiden en specerijen in een mengkom en vermeng ze met het zeezout en het hooi. Gebruik genoeg hooi om de bodem van de braadslee en de ham helemaal te bedekken. Steek een beetje hooi in brand en blus dit af met de wijn. Dat geeft een lekkere, rokerige smaak. Kneed alles goed, zodat de smaken vrijkomen.

4 *braden van de ham*
Verwarm de oven voor op 160 °C. Bak de ham in de olie rondom bruin op middelhoog vuur met wat rozemarijn en knoflooktenen in de pan voor de smaak. Bedek de bodem van de braadslee met een laagje hooi-zoutmengsel, leg de ham erop en verpak hem helemaal met de rest van het mengsel. Gaar de ham circa een uur (of zo lang als nodig is) tot het vlees een kerntemperatuur van circa 62 °C heeft; het vlees mag vanbinnen lichtroze zijn. Heb je die niet, check dan met een lange naald of vleesvork of de kern goed is; de in het vlees gestoken naald moet dan echt heet aanvoelen als je hem direct tegen je lip of pols houdt.

5 *rusten & serveren*
Leg de ham op een schaal of een uitlekrooster in een braadslee en bedek hem losjes met aluminiumfolie. Laat 15 minuten rusten. Zet de ham nog in het hooi op tafel. Verwijder al het hooi en het zout en snijd de ham in zo dun mogelijke plakken. Lekker met asperges of met goede mosterd en stevig brood.

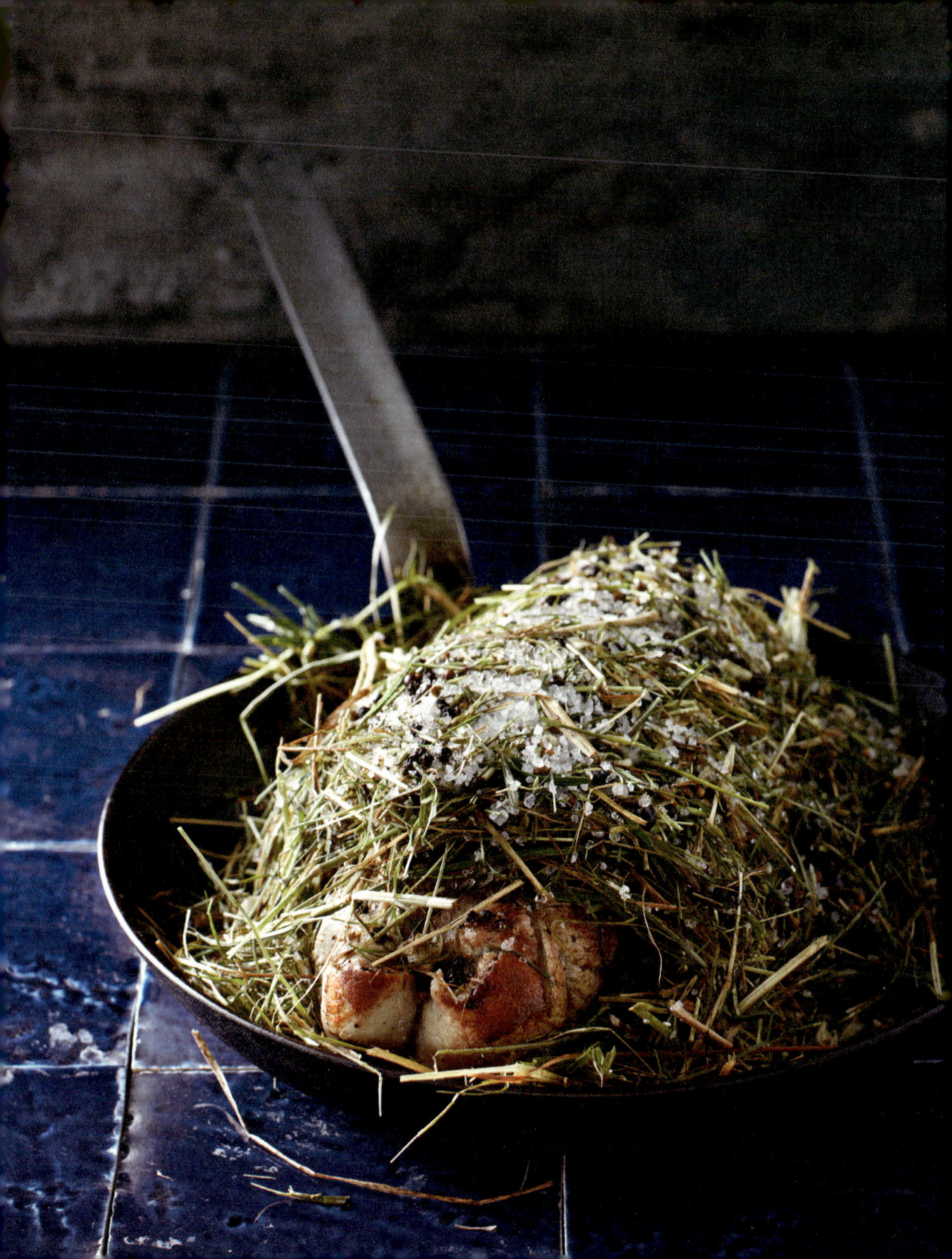

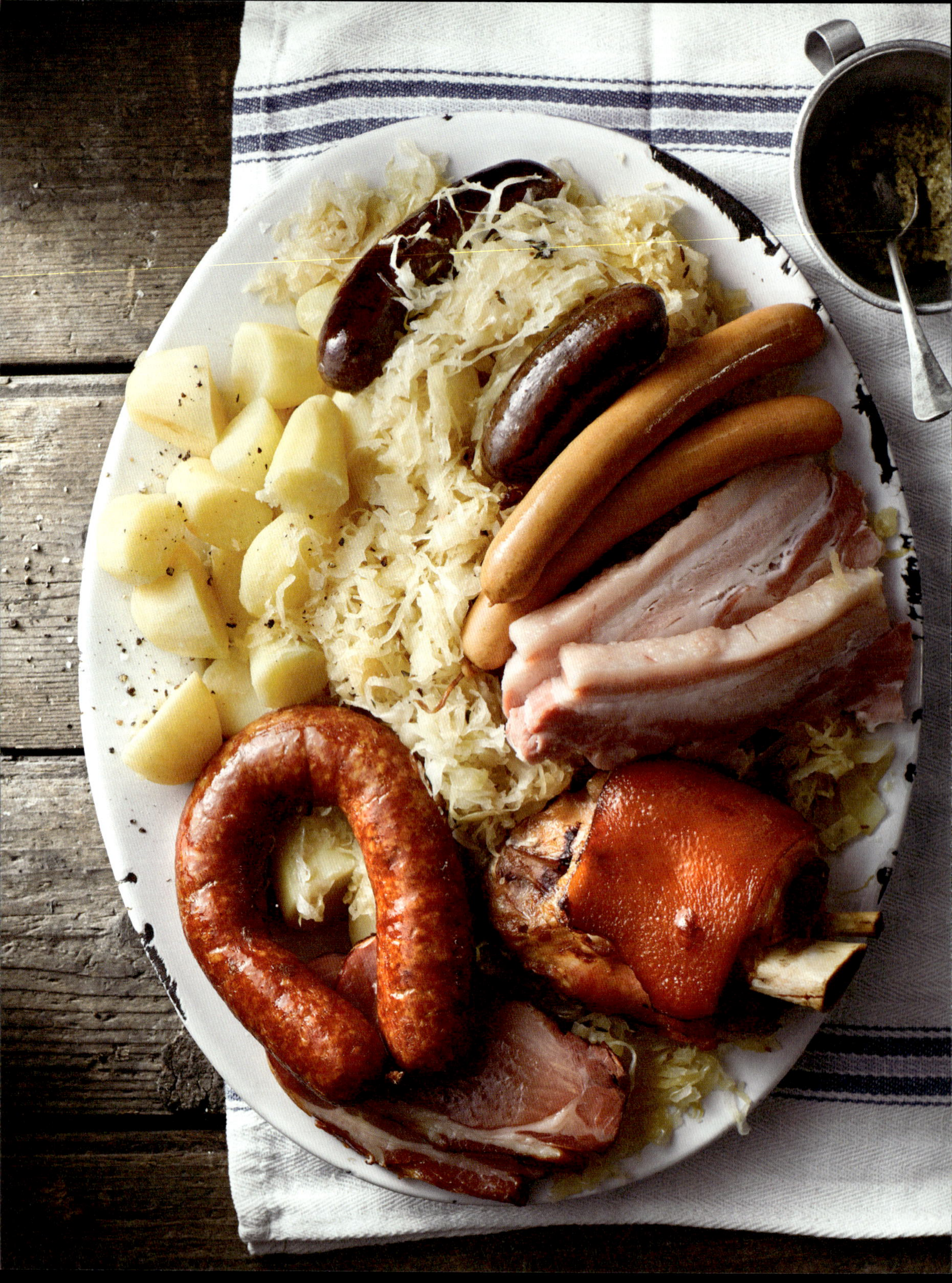

DE KLASSIEKERS
Zuurkool 'Extreem'

159

1. kies je vlees
Koop bij de slager een mooi assortiment varkensvlees van goede kwaliteit. Denk aan: worst, spek, vlees en een *Eisbein* (varkensknie). De bloedworst kun je ook zelf maken.

2. zuurkool
Snijd de uien in halve ringen en hak de knoflook fijn. Smoor ze in een pan in gesmolten varkensreuzel heel zachtjes tot ze glazig zijn, maar niet bruin. Voeg de kruiden en specerijen toe en warm ze een paar minuten mee. Blus het geheel af met de wijn. Leg de zuurkool op het uien-kruidenmengsel. Als de zuurkool muf ruikt of erg zout is, spoel hem dan kort af onder de koude kraan en knijp zachtjes uit. Vul de pan met water tot driekwart van de hoogte van de zuurkool. Laat de zuurkool 45 minuten stoven, roer dan alles om en laat hem vervolgens nog eens 45 minuten stoven. Let op: de zuurkool hoort vers te zijn; gebruik dus die uit het vat.

3. vlees
Kook terwijl de zuurkool wordt bereid de varkensknie 45 minuten op laag vuur in zacht kokend water met tijm, laurierblaadjes en peperkorrels. Daarna 30 minuten garen in de oven op 180 °C. Het vel moet goudbruin en krokant zijn. Bestrijk de varkensknie eventueel eerst met een mengsel van bier en honing voor de smaak en kleur. Laat het buikspek en de casselerrib de laatste 10 minuten meewarmen op de zuurkool. Laat op het einde de rookworst en Frankfurter 10 minuten wellen in water dat tegen de kook aan wordt gehouden. Bak op het laatst de bloedworst enkele minuten op laag vuur gaar (circa 7 minuten aan elke zijde).

4. aardappelen koken
Elzasser zuurkool eet je niet met puree maar met gekookte aardappelen. Vastkokende aardappelen om precies te zijn: rozeval, nicola of charlotte. Het staat mooi om de aardappel te tourneren (als een tonnetje te snijden). Kook de aardappelen in kokend water in circa 20 minuten gaar.

5. serveren
Leg de zuurkool op een grote schaal en schik het vleesgarnituur en aardappelen eromheen. Serveer er de mosterd bij.

Elzasser zuurkool (ofwel: choucroute) wordt gegeten met heel veel varkensvlees: rookworst, Frankfurter worst, bloedworst, casselerrib en/ of ander spek naar keuze. Je maakt 'm helemaal af met een gepekelde varkensknie (*Eisbein*).

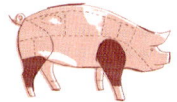

VOORBEREIDING: 25 MINUTEN
BEREIDING: 100 MINUTEN

BOODSCHAPPEN VOOR 6 PERSONEN

2 grote uien
2 tenen knoflook
3 eetlepels reuzel (of boter)
1 theelepel karwijzaad (kummel), fijngewreven in een vijzel
1 theelepel korianderzaad, fijngewreven in een vijzel
5 takjes tijm
3 laurierblaadjes
10 jeneverbessen, gekneusd
0,5 liter droge witte wijn (uit de Elzas)
1,5 kilo zuurkool uit het vat
1,5 kilo vastkokende aardappelen

vleesgarnituur, 250-300 gram per persoon, met:
gepekelde varkensknie (*Eisbein*)
tijm
laurierblaadjes
peperkorrels
bier
honing
gerookt buikspek in plakken van 0,5 cm
casselerrib (zuurkoolspek) in plakken van 0,5 cm
rookworst
Frankfurter worst
bloedworst, dijonmosterd

DE KLASSIEKERS
Speenvarkentje uit de oven

Een speenvarkentje is lekker vet en mals. Het is slechts enkele weken oud en heeft alleen melk van de moeder te eten gekregen, maar het vlees is vol van smaak. In dit recept – van chef-kok Wil Demandt van het onvolprezen hoofdstedelijke Bordewijk – gaat het varkentje in de oven. Maar roosteren op open vuur kan natuurlijk ook.

VOORBEREIDING: 1,5 UUR
BEREIDING: 3 UUR
MARINEREN: 12 UUR

BOODSCHAPPEN VOOR 12 PERSONEN

1 heel speenvarken, circa 7,5 kilo, incl. lever en niertjes, 2 eetlepels olijfolie, 2 tenen geperste knoflook, 6 takjes fijngehakte rozemarijn, versgemalen peper, 2 eetlepels nitrietzout

VLEESVULLING:
varkenslever, varkensniertjes
3 eetlepels broodkruim (van 3 dagen oud wit brood) of paneermeel
3 sjalotten, fijngesneden
3 tenen knoflook, geperst
peterselie, salie, 2 eetlepels gemalen venkelzaad, peper en wat nitrietzout.
1 dl cognac

SAUS:
1 eetlepel balsamico
3 verse salie blaadjes, fijngesneden

OOK NODIG:
slagerstouw
stevige naald

1 kies je vlees
Vraag de slager om een speenvarkentje (met lever en nieren) van circa 6 weken, pakweg 7 kilo. Niet te groot, hij moet in de oven passen. Vraag je slager of leverancier om het speenvarken te ontbenen of ga zelf aan de slag. Zie instructiefilm op: www.foodtube.nl.

2 marineren
Meng olijfolie, knoflook, rozemarijn, peper en nitrietzout door elkaar. Wrijf het varken vanbinnen in met het oliemengsel. Wrijf de huid in met nitrietzout. Zet het een nacht weg in een afgesloten bak in de koelkast. Bewaar afsnijdsels, de lever en de niertjes in de koelkast.

3 vulling
Draai de lever, niertjes en vleesafsnijdsels door de vleesmolen (grove plaat 8 mm). Vermeng met broodkruim en de overige ingrediënten voor de vulling. Vul het varkentje met dit vleesmengsel ('farce'). Naai het varkentje met grove steken (circa 2 cm tussenruimte) dicht met slagerstouw en stevige naald. Naai ook het staartgat goed dicht. Schik het varkentje op de bakplaat. Fixeer de bek met bijvoorbeeld een espressokopje als je er later een appel in wilt doen (na het braden wordt de bek stijf). Verpak de oren en staart in aluminiumfolie om te voorkomen dat die tijdens het braden te snel verkleuren. Zet de bakplaat (met een lekbak eronder) in de oven op 130 °C gedurende ongeveer 2 tot 2,5 uur (of kerntemperatuur 65 tot 70 °C). Bestrijk regelmatig met olijfolie, voor knapperigheid en kleur. Laat goed afkoelen voordat je het uit de oven haalt. Zet minimaal 8 uur koel weg. Zet het braadvocht apart. Maak ondertussen van de botjes en het karkas een bouillon (laat gebraden botten 2 uur trekken in pan met zachtjes kokend water).

4 braden
Haal het varkentje 3 uur voor het serveren uit de koeling om op kamertemperatuur te komen. Kook de bouillon samen met het braadvocht in tot een smakelijke jus met een flinke scheut balsamico en gehakte salie. Verwarm het varkentje gedurende 30 minuten in oven van 130 °C en dan 10-15 minuten op 200 °C voor een krokant huidje.

5 rusten
Haal het varkentje uit de oven en laat circa 15 minuten rusten, losjes afgedekt met aluminiumfolie. Snijd het varken aan met een kartelmes (zodat het krokante vel intact blijft).

TIP
Roosteren? Een klassieke Castiliaanse 'cochinillo' gaat in de oven, maar het minstens zo beroemde speenvarken uit Segovia wordt geroosterd boven open vuur. Op internet zijn verschillende instructiefilmpjes te bekijken. Let op: roosteren duurt langer.

BIJGERECHTEN
Geroosterde venkel met sinaasappel

162

VOORBEREIDING: 10 MINUTEN
BEREIDING: 40 - 55 MINUTEN

BOODSCHAPPEN
VOOR 4 PERSONEN

4 venkelknollen, in dunne plakken
½ dl witte wijn
olijfolie
sap en rasp van 1 sinaasappel
peper en zout, versgemalen

OOK NODIG:
bakplaat en bakpapier

Verwarm de oven voor op 190 °C. Bekleed de bakplaat met bakpapier en verdeel hier de plakken venkel over. Besprenkel met de witte wijn, olijfolie en het sap en de rasp van de sinaasappel. Kruid nog met wat grof zeezout en wat peper en rooster in 20-30 minuten gaar tot de venkel zacht is en een bruin randje heeft.

BIJGERECHTEN
Gestoofde linzen

163

VOORBEREIDING: 10 MINUTEN
BEREIDING: 40 – 55 MINUTEN

BOODSCHAPPEN
VOOR 4 PERSONEN

2 uien, in ringen
4 tenen knoflook, in plakjes
olijfolie
3 wortelen, geschrapt en in stukken
1 prei, in stukken
½ knolselderij, in blokjes
2 tomaten, in stukken
500 gram Le Puy-linzen of andere bruine linzen
1 liter kippenbouillon (blokjes)

Fruit de ui en de knoflook in wat olijfolie tot ze licht verkleuren en zacht zijn. Voeg vervolgens de wortel, prei, knolselderij en tomaten toe en laat 10 minuten stoven. Voeg nu de linzen en de bouillon toe en breng aan de kook. Leg een deksel op de pan en stoof naar aanwijzingen op de verpakking in 30-45 minuten gaar. Let op: de linzen moeten niet stuk koken maar een sappige bite hebben.

Speijkervet

Links en rechts de broers Lennard en Matthias van der Nagel. Midden: Simon van Lith

DE KLASSIEKERS
Varken & chef-kok

Het is tien over elf op maandagochtend. De koks van restaurant Speijkervet worden weggeroepen om hun bestelde varken uit de koelwagen te halen. Nog een hele klus. De Bonte Bentheimer, over de lengte in tweeën gesneden, weegt ruim 110 kilo. En het is lastig sjouwen met zo'n zwaar en groot levenloos lijf. "Zo'n lijk werkt ook niet erg mee," grijnst chef-kok Matthias van der Nagel. Passanten uit de buurt houden stil en kijken met nieuwsgierige blik naar het gesleep van de koks met een dood dier.

Hersenen
Samen met zijn sous-chef Simon inspecteert hij het vlees. Dit exemplaar heeft lekker veel rugvet, een typisch kenmerk voor dit ras. "Lekker voor lardo," aldus Matthias. Dun gesneden is zo'n stukje rugvet een ware delicatesse. Inwrijven met gemalen zeezout, zwarte peper, verse gepelde knoflooktenen, salie, rozemarijn, kruidnagel, koriander, jeneverbes en nootmuskaat en nog zo wat kruidenspecerijen en vervolgens enkele maanden laten rijpen.
"En kijk hier zitten dus de hersenen," vult Simon aan. "Best wel klein ... deze was niet zo heel slim waarschijnlijk." Van kop tot staart zal dit varken door de Speijkervet-koks worden benut. In een apart zakje heeft de leverancier de milt en de lever gestopt. Speciaal op verzoek van de chefs. Het wordt niet standaard meegeleverd. Regelgeving verbiedt het uitleveren van organen en ander 'slachtafval' door slachterijen vanwege een onacceptabel geacht risico op het verspreiden van ziekten.

Het beest
Het varken neemt een prominente plek in bij dit restaurant dat in 2012 door de twee broers Matthias en Lennard van der Nagel (ook eigenaren van het hoofdstedelijke restaurant Firma Pekelhaaring) is opgericht. Een varkenskop is gekozen als logo voor het restaurant. Het staat symbool voor de stoere, no-nonsense manier van koken waar de oprichters voor staan. Op het krijtbord staat het menu van de dag onder de kop 'Het Beest' dat dit keer bestaat uit een voorgerecht met een bordje charcuterie met verschillende worstjes en paté van de Bonte Bentheimer en als

DE KLASSIEKERS
Varken & chef-kok

hoofdgerecht een geroosterde varkensbout met kummelworst, linzen, geroosterde roze ui en jus. Matthias en Lennard zijn een van de voorlopers van de groeiende groep restaurants die het 'van-kop-tot-staart-principe' omarmen. Geen gepiel met opgemaakte bordjes met gerechtjes als schilderijtjes waarvoor minstens twintig handelingen nodig zijn. Maar eerlijk, stoer en vooral heel lekker eten is het motto. De worsten worden er zelf gemaakt, de terrines in huis gebakken – net als nagenoeg alle andere onderdelen van de kaart. Ook gerechten met orgaanvlees worden niet uit de weg gegaan. Of het nu gaat om een onvervalste Engelse kidney pie of een kalfspens gevuld met gehakt en tomatensaus. Dagelijks komt er verse aanvoer van ingrediënten, zo veel mogelijk afkomstig van kleine producenten die zijn gevestigd in een straal van maximaal 100 kilometer van de hoofdstad.

Pulled pork

In de kelder van het restaurant liggen de halve varkens op de werkbank; klaar om te worden uitgebeend. Met vleeszaag, bijl en slagersmes worden de varkens door de koks in hapklare delen verdeeld. Terwijl er wordt gehakt en gezaagd gaan de gesprekken hier vooral over eten en wat voor lekkers je met dit bijzondere varkensvlees kunt maken.

De schouder is een prima kandidaat om in een zoutkorst te worden gegaard. Het vette nekstuk (procureur) is bij uitstek geschikt om op lage temperatuur lekker sappig te braden, misschien wel onder hooi. De kop en de staart zijn goed voor de balkenbrij en worden na het koken zeer gelatineus (goed voor de binding). De kop wordt bij Speijkervet ook gebruikt voor pulled pork, losgereten stukjes varkensvlees geserveerd met huisgemaakte BBQ-saus. En ook de poten en het kinnebakspek verdwijnen in de pan voor onder meer het maken van zure zult en verse worst. Poten worden gekookt totdat het vlees van het bot valt; voor het maken van onder meer zure zult. En wat niet direct tot een gerecht kan worden gemaakt verdwijnt in de 'heksenpot', een pan met 50 liter inhoud die permanent op het vuur staat waar met alle niet gebruikte snijdsels van groenten, karkassen, botten en merg een smaakrijke bouillon van wordt getrokken.

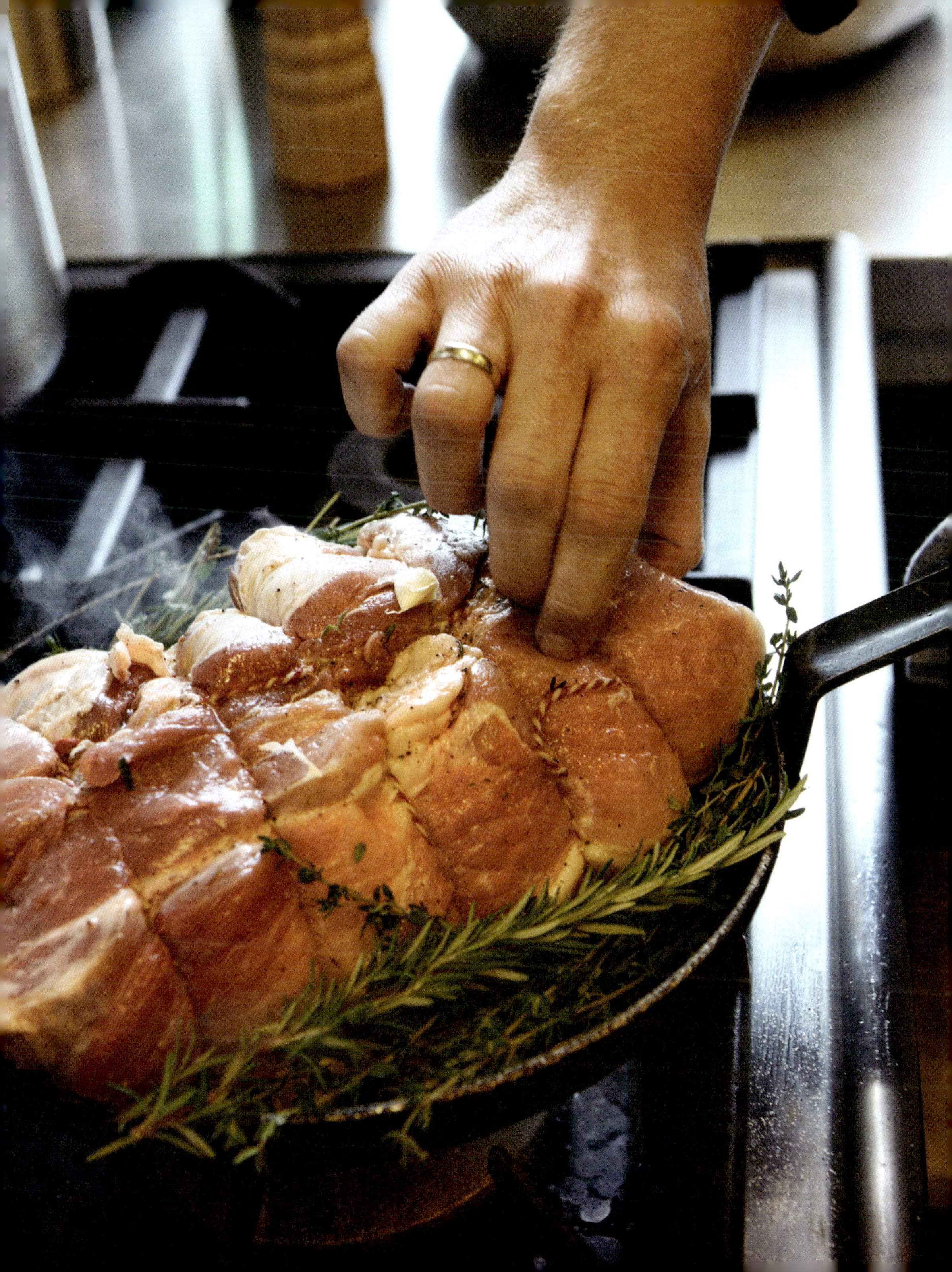

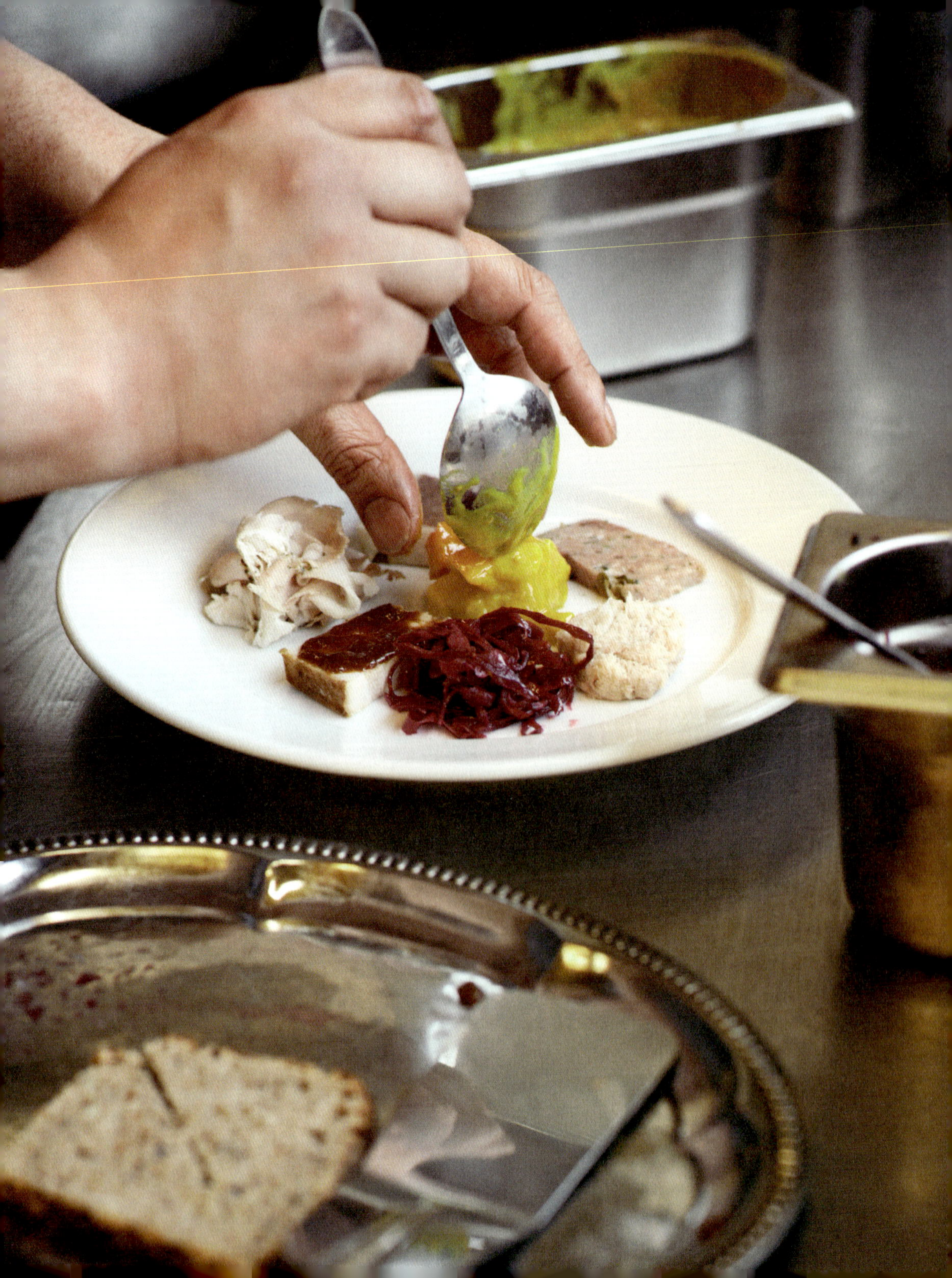

DE KLASSIEKERS
Varken & chef-kok

Even later verdwijnt Matthias naar de open keuken om de varkensbout op hooi te gaan bereiden, een variant op een klassieke ham in het hooi. Het hooi zorgt voor extra smaak aan het onder hooi bedekte vlees. De bout wordt ingesmeerd met tijm, rozemarijn, knoflook, salie en kruidnagel en gelegd op en onder een bedje van hooi besprenkeld met witte wijn. Het gebraad wordt drie uur lang gegaard op 160 °C. Even verderop worden de bordjes varkensvlees klaargezet met dit keer rillettes, paté van het huis, zure zult en langzaam gegaard buikspek. Het is inmiddels 19:00 uur en de voorbereidingen zijn bijna klaar. De eerste gasten van de avond druppelen binnen voor borrel en diner. In korte tijd zijn nagenoeg alle tafels bezet. De keuken is er klaar voor. 'Het Beest' kan los.

Bonte Bentheimer

Dit is een oud ras dat met uitsterven werd bedreigd, maar door een aantal actieve fokkers weer op de kaart is gezet. Het varkensvlees is te herkennen aan een mooie diepe rozerode kleur met een vrij dikke speklaag. Door de raskenmerken en de late leeftijd waarop ze worden geslacht is het vlees goed dooraderd. Het is een varken dat langzaam groeit en langer leeft voordat het slachtgewicht is bereikt. De kostprijs van een Bonte Bentheimer is daarom hoger dan van andere varkens. Als de dieren een leeftijd van 10-12 maanden (normaal: 6 maanden) hebben en een slachtgewicht van ongeveer 120-130 kg (normaal 100 kg) worden ze geslacht. De Vereniging Bonte Bentheimer houdt een stamboek bij en ziet toe op raszuiverheid van de echte Bonte Bentheimer. Het is tevens een garantie dat de dieren in een dier- en milieuvriendelijke omgeving opgroeien. Het vlees is voor particulieren ook online te koop en bij een groeiende groep slagers en boerderijwinkels
(zie: www.bontebentheimer.nl voor adressen).

het PERFECTE VARKEN

· **172** ·
Adressen

· **174** ·
Register

· **175** ·
Verantwoording

ADRESSEN
Slagers, winkels, restaurants & webshops

Slagers & winkels
CHATEAUBRIAND
Prijswinnende slager in Heemstede. Excelleert niet alleen in drooggerijpt rundvlees uit de eigen dry-aged etalage, maar weet ook raad met het varken. Met een indrukwekkend assortiment huisgemaakte charcuterie uit eigen worstmakerij en rokerij. Rechtstreekse import van topkwaliteit gedroogde hammen, lardo's en ander spekgenot (o.a. uit Italië en Spanje). Ook voor minder courant varkensaanbod zoals bloedworst, varkenswang en crépinette kun je hier terecht.
CHATEAUBRIAND
BINNENWEG 163
HEEMSTEDE
WWW.CHATEAUBRIAND.NL

YOLANDA EN FRED DE LEEUW
De bekende Amsterdamse slager maakt onder meer zelfgemaakte worsten, spek en vleeswaren van het Livar varken. Ook voor rechtstreeks uit Spanje geïmporteerd speenvarken en Ibérico (vers en gedroogd). Verkrijgbaar via de webshop.
SLAGERIJ YOLANDA EN FRED DE LEEUW
UTRECHTSESTRAAT 92
AMSTERDAM
WWW.SLAGERIJDELEEUW.NL

BERKSHIRE BUTCHER
De enige echte spekslager van Nederland, Frank Bunnik, levert exclusief 100% raszuiver Berkshire varkensvlees. Op markten in o.a. Haarlem en Amsterdam. Zie ook: **WWW.BERKSHIREBUTCHER.NL**. Onlineshop: **WWW.BERKSHIREBUTCHERSHOP.COM**

BRANDT & LEVIE
De drie mannen achter Brandt & Levie hebben in korte tijd de worst in Nederland weer op de kaart gezet. Vanuit Baambrugge werken deze pionierende worstenmakers aan het populariseren van de ware ambachtelijke worst – zowel droge als verse worst. Voor verkoopadressen zie:
WWW.BRANDTENLEVIE.NL

IBERICUS
In de Amsterdamse vestiging van deze Spaanse hammenwinkelketen vind je meer dan twintig soorten Ibéricoham op het been, die door Spaanse hammensnijders ('Jamonero') met de hand worden gesneden. Je kunt er ook terecht voor koffie en een broodje met de allerlekkerste ham van de hoofdstad, inclusief die van het beroemde huis Cinco Jotas.
HAARLEMMERSTRAAT 93
AMSTERDAM
WWW.FACEBOOK.COM/IBERICUSAMSTERDAM

DE PASTEIBAKKERIJ
In een oude slagerij in de Amsterdamse rivierenbuurt maken pioniers Diny Schouten en Floris Brester met veel gevoel voor het oude ambacht huisgemaakte (Franse) charcuterie. Met veel extra aandacht voor de incourante delen. Denk aan boudin noir, zure zult en rillettes, maar ook een fantastisch assortiment patés en worsten.
DE PASTEIBAKKERIJ DINY SCHOUTEN & FLORIS BRESTER
HOENDIEPSTRAAT 2
AMSTERDAM
WWW.DEPASTEIBAKKERIJ.NL

Online
BEEF & STEAK
Deze Nederlandse online slager verkoopt een puik assortiment (buitenlands) varkensvlees waaronder vers Ibéricoribstuk en Mangalica buikspek. Ook voor minder courante delen zoals varkenswangen of een varkenshaas aan een stuk kun je hier terecht. Tevens leverancier van complete speenvarkens aan particulieren.
WWW.BEEFENSTEAK.NL

ADRESSEN
Slagers, winkels, restaurants & webshops

BONTE BENTHEIMER
Het Vleeschatelier van Frans Kaijser is hofleverancier van echt Bonte Bentheimer. In principe alleen voor restaurants, maar je kunt altijd proberen om als particulier wat bij hem te kopen (www.vleeschatelier.nl). Ook de webwinkel MergenMetz heeft een (beperkt) aanbod. Voor een complete lijst van (web)winkels, slagers en restaurants die Bonte Bentheimer verkopen zie:
WWW.BONTEBENTHEIMER.NL

'T HELDER VARKEN
Via de webshop van eko-boerderij 't Helder koop je schitterend varkensvlees van Achterhoekse bodem. Zowel als vleespakket of als compleet heel of half varken (op bestelling). Bestellingen boven de 100 euro gratis geleverd.
WWW.HELDERVARKEN.COM

OK VLEES
Sympathieke online slager met diervriendelijk en biologisch varkensvlees afkomstig van boeren die de slager zelf kent. Ook incourante delen als wang en staart kun je hier online bestellen.
WWW.OKVLEES.NL

BUITENGEWONE VARKENS
Adopteer via www.buitengewonevarkens.nl een varken. Voor een eenmalig bedrag van 100 euro ontvang je een certificaat en gedurende drie jaar krijg je jaarlijks een vleespakket toegestuurd. Ook ontvang je een uitnodiging voor een varkens-event waar je je eigen varken kunt bewonderen.

Overige adressen:
LIVAR
WWW.LIVAR.NL
BEEMSTERLANT'S VARKEN
WWW.BEEMSTERLANTSVARKEN.NL
VERSE IBÉRICO BIJ SLAGERIJ SJEK FLOOR
WWW.SJEKFLOORCATERING.NL
HET VELUWS LANDVARKEN
WWW.VELUWSLAND.NL
GASCONNE EN BAAMBRUGS BIG
BIJ DE LINDENHOFF
WWW.LINDENHOFF.NL

Restaurants
Onderstaand een selectie van restaurants die het varken serieus nemen. Voor een geactualiseerde lijst zie: www.hetperfectevarken.nl: Fa. Speijkervet (Amsterdam), Firma Pekelhaaring (Amsterdam), Restaurant As (Amsterdam), Restaurant Aan de Amstel (Amsterdam), Bordewijk (Amsterdam), Gebr. Hartering (Amsterdam), Rijsel Rotisserie (Amsterdam), Sugarhill (Arnhem), De Gulle Waard (Winterswijk). Verschillende van deze genoemde restaurants hebben ook een recept voor dit boek geleverd.

Workshops
Wil je je verder verdiepen in het maken van ambachtelijke worst? Check o.a. Casa Foresta (www.casaforesta.nl) met een workshop worst onder leiding van wildplukker Edwin Florès. Ook Meneer Wateetons, auteur van het standaardwerk *Over Worst*, geeft worst-workshops (www.overworst.com).

Keukenspullen
De harde waren zoals getoond in dit boek zijn te koop bij de betere kookspeciaalzaken en betere warenhuizen.
Voor een adressenlijst van deze winkels (en hun webshops) zie: www.hetperfectevarken.nl
De keukenapparatuur die in dit boek is gefotografeerd
is ter beschikking gesteld door Duikelman, Amsterdam.

REGISTER
Wat staat waar?

Varken, per stuk
Verse braadworst	94
Cordon bleu	112
Wiener Schnitzel zoals-het-hoort	114
Slavink	116
Twee variaties op krokante speklapjes	118
Varkensoester met kappertjesroomsaus	120
Saltimbocca van het varken	122
Haaskarbonade met komijnworteltjes	124
Schouderkarbonade met eigengemaakte perzikchutney	126
Crépinette	128
Werry's venkel-salieworst met parelgort	132

Varken, gebraad
Eenvoudig varkensribstuk met groenten uit de oven	140
Krokant gegaard buikspek met mierikswortel	142
Varkenshaas met calvados, brie en gebakken appeltjes	144
Zoetzure gelakte spareribs	146
Varkensrollade met sinaasappelsaus	148
Reuzensaucijs	150
Gebraden hammetje uit de oven	155
Ham in hooi by Speijkervet	156
Zuurkool 'Extreem'	158
Speenvarkentje uit de oven	160

Varken, in de stoofpan
Blanquette de porc	134
Cassoulet by Brandt & Levie	136
Oud-Hollands gestoofde varkenswangetjes	138

Varken, vooraf/ lunch/ borrel
Kaantjes	53
Reuzel	59
Bacon	81
Paté de campagne	88
Rillettes van varken	90
Gedroogde zachte metworst	92
Balkenbrij	96
Boudin noir	98
Charcuterie by Diny & Floris, met zoetzure uitjes	131
Pulled pork met gepofte knoflook	152

Varken, per snit
Rib
Bacon	81
Cordon bleu	112
Haaskarbonade met komijnworteltjes	124
Schouderkarbonade met eigengemaakte perzikchutney	126
Eenvoudig varkensribstuk met groenten uit de oven	140

Schouder/hals
Wiener Schnitzel zoals-het-hoort	114
Slavink	116
Crépinette	128
Werry's venkel-salieworst met parelgort	132
Blanquette de porc	134
Varkensrollade met sinaasappelsaus	148
Reuzensaucijs	150
Pulled pork met gepofte knoflook	152
Zuurkool 'Extreem'	158

Spek (rug, buik)
Paté de campagne	88
Rillettes van varken	90
Gedroogde zachte metworst	92
Verse braadworst	94
Slavink	116
Twee variaties op krokante speklapjes	118
Krokant gegaard buikspek met mierikswortel	142
Reuzensaucijs	150

Bil
Varkensoester met kappertjesroomsaus	120
Saltimbocca van het varken	122
Gebraden hammetje uit de oven	155
Ham in hooi by Speijkervet	156

Kop
Balkenbrij	96
Oud-Hollands gestoofde varkenswangetjes	138

Bijgerechten
Aardappelsalade	11
Worteltjes met komijn	124
Perzikchutney	126
Zoetzure uitjes	130
Parelgort	132
Gebakken appeltjes	144
Zuurkool	158
Geroosterde venkel met sinaasappel	162
Gestoofde linzen	163

Sauzen & marinades
Jus	11
Kappertjesroomsaus	120
Mierikswortel	142
Calvadosroomsaus met brie	144
Sinaasappelsaus	148
Honingmarinade	154

VERANTWOORDING
Dank!

Voor het schrijven van dit boek heb ik tientallen experts op het gebied van eten & drinken (en varkens!) gesproken. Zoals koks, slagers, slachters, boeren, fokkers, voedingsdeskundigen en eetliefhebbers. Dank voor het ruimhartig delen van jullie vakkennis en tips!

Jonnie Boer, Yvette van Boven, Floris Brester, Frank Bunnik (Berkshire Butcher), Maria Castro Bermúdez Coronel, Johannes van Dam, Duikelman (David Appelboom), Wil Demandt, Jacobo Gomez, Edwin Florès, Matthias en Lennard van der Nagel, Paul Gonzalez, Cees Helder, Sergio Herman, Werry van Leeuwen, Samuel Levie, Leon Mazairac, Sander Overeinder, Kees Scheepens, Diny Schouten, Nel Schellekens, Dick en Berdy Sloetjes, Adèle en Eymert Teekens, Margot Torenvlied, Paul van Trigt, Michael Wolf & Arno Veenhof.

SPECIALE DANK
Johan van Uden, bedrijfsleider van slagerij Chateaubriand in Heemstede én tweevoudig winnaar van de Gouden Slagersring, voor zijn onvermoeibare uitleg en enthousiasme over alles wat met het échte ambachtelijke slagersvak te maken heeft.

DIT BOEK IS EEN UITGAVE VAN FONTAINE UITGEVERS
www.fontaineuitgevers.nl
© 2013 Fontaine Uitgevers, Hilversum

Alle rechten voorbehouden. Niets uit deze uitgave mag worden gereproduceerd of overgedragen in welke vorm of op welke manier ook zonder schriftelijke toestemming vooraf van de uitgever.

Reacties, tips of aanvullingen?
Ga naar www.hetperfectevarken.nl

COLOFON
CONCEPT & TEKST Marcus Polman/Nieuwe Haring Media
ARTDIRECTION & VORMGEVING Durk Hattink/Durk.com
FOTOGRAFIE Saskia van Osnabrugge
STYLING Jan-Willem van Riel/De Stijlbrouwerij
FOODSTYLING Sander de Ponti
ILLUSTRATIES Ingrid Bockting
BEELDBEWERKING Denisse Massa
VAKTECHNISCH ADVISEUR Johan van Uden
ALGEMENE REDACTIE Martine van der Deijl, Zinnin Redactie, Utrecht
CULINAIRE REDACTIE Hennie Franssen
PROJECTBEGELEIDING Inge Huijs
UITGEVER Martin Fontijn/Fontaine Uitgevers

BRONNEN
Voor dit boek zijn onder meer de volgende bronnen geraadpleegd
J.W. BARETTA (HOOFDREDACTIE), *Handboek voor de slager*, 1950
JOHANNES VAN DAM, *De Dikke Van Dam*, 2005
ALAN DAVIDSON, *The Oxford Companion to Food*, 2006
ANNO FOKKINGA, *Het Varkensboek*, 2004
HAROLD MCGEE, *Over eten en koken*, 2006
HAROLD MCGEE, *Goed koken – en wat je daarvoor moet weten*, 2010
MENEER WATEETONS/SJOERD MULDER, *Over Worst*, 2011
JOËL ROBUCHON, *De Grote Larousse Gastronomique*
NIKI SEGNIT, *De Smaakbijbel*, 2011
PAUL VAN TRIGT, *Charcuterie 2*, 2012
TIME-LIFE REDACTIE, *Varkensvlees Nieuwe Stijl*, 1988
COOK'S ILLUSTRATED, *The Science of Good Cooking*, 2012
WEBSITES:
PASSIEVOORHORECA.NL
FOODTUBE.NL
PVE.NL
VARKENSINNOOD.NL

ISBN 978 90 5956 505 0
NUR 440

**I LIKE PIGS.
DOGS LOOK UP TO US.
CATS LOOK DOWN ON US.
PIGS TREAT US AS EQUALS.**

WINSTON CHURCHILL
1874 - 1965

BEZOEK OOK WWW.HETPERFECTEVARKEN.NL